IASBの概念フレームワーク

Conceptual Framework for Financial Reporting ｜ 九州大学大学院教授 岩崎 勇 編著

税務経理協会

はしがき

　現在は，グローバル化が高度に進展し，あらゆる方面でグローバルな視点で考えて行動することが要求される時代となっている。会計の分野においても，この傾向は顕著であり，国際会計基準審議会（IASB）が公表する国際財務報告基準（IFRS）を適用（任意適用を含む）する国も 100 か国を超えている。わが国においても，2010 年 3 月期より任意適用が開始され，徐々に任意適用する企業が増加しつつある。

　このような状況の下において，IASB の公表する「概念フレームワーク」（conceptual framework）は，個別の会計基準を設定するための「メタ基準」という極めて重要な位置を占めている。そしてこの概念フレームワークは，国際会計基準審議会（IASB）が「理想とする会計の姿」を明示するものであり，現在の会計基準の基礎となっているばかりでなく，IASB が将来どのような会計基準を設定していこうとしているかを間接的に予想することができる。このように，概念フレームワークは個別の会計基準を設定するためのメタ基準なので，国際財務報告基準（IFRS）を理解する上で必須であると同時に，わが国においても IFRS とのコンバージェンス（収斂）を行っているので，IASB の概念フレームワークや IFRS がわが国の会計基準に大きな影響を及ぼすこととなる。

　そこで，IASB の理想的な会計の姿を示す概念フレームワークについて理解することは，IFRS やわが国の会計基準の理解のために必須であり，このような意味で，本書は国際的な会計やわが国の会計を深く理解したい研究者，会計担当者，ビジネス・パーソンや学生に役立つことを目的として書かれている。

　上記のことを考慮して執筆された本書の特徴には，次のようなものがある。
① まず IASB の概念フレームワークに関する全貌について，次に概念フレームワークの各章の内容について検討していること
② IASB の概念フレームワークの規定内容を理論的に深く検討していること

③ 基本的な規定内容の解説と共にその理論的な内容検討を行っていること
④ 概念フレームワークについてのスタディー・グループの研究成果が生かされていること

上述の特徴にも関連するけれども，本書の多くの筆者は，長年次のような概念フレームワークに関するスタディー・グループに関わってきた。すなわち，2012年から2014年8月まで日本簿記学会簿記理論研究部会（『会計概念フレームワークと簿記－最終報告書』），引き続き2016年8月まで国際会計研究学会研究グループ（『IFRSの概念フレームワークについて－最終報告書』）。そして，現在も日本会計史学会のスタディー・グループで「FASB及びIASBの概念フレームワークについての歴史的考察」というテーマで研究を継続している。なお，本書で記述されている内容は，各執筆者の見解を表すものであり，スタディー・グループ全体の見解を示すものではない。

また，さらに詳しいIASB概念フレームワークに関する規定内容を知りたい人は，拙著『IFRSの概念フレームワーク』（税務経理協会）を参照されたい。

本書が少しでも皆様のお役に立てば，甚だ幸せである。

本書の出版に際しては，代表取締役社長　大坪克行氏を始めとして，その出版企画，編集，校正さらに上梓まで，常に督励され，大変お世話を頂戴した編集部の峯村英治氏に心からお礼を申し上げたい。

・・・希望溢れる新元号（令和）を祝福する福寿草の花を愛でつつ・・・
2019年4月吉日　新しい（福岡）伊都キャンパスにて

岩崎　勇（九州大学大学院教授）

目　次

はしがき

第1章　IASC（IASB）概念フレームワークの目的
　　　　　－概念フレームワークの意義と必要性－ ……………………3

Ⅰ　序　　説 ………………………………………………………………3
Ⅱ　IASC（IASB）「概念フレームワーク」の目的の変遷 …………4
　1　1989年『概念フレームワーク』（2001年『概念フレームワーク』）
　　における「概念フレームワーク」の目的 ………………………4
　2　2010年『概念フレームワーク』における「概念フレーム
　　ワーク」の目的 ……………………………………………………5
　3　2013年『討議資料』における「概念フレームワーク」の
　　目的 …………………………………………………………………6
　4　2015年『公開草案』における「概念フレームワーク」の
　　目的 …………………………………………………………………6
　5　2018年『概念フレームワーク』における「概念フレーム
　　ワーク」の目的 ……………………………………………………7
Ⅲ　IASC（IASB）「概念フレームワーク」の目的の有する特徴 ………7
　1　FASB「概念フレームワーク」の目的 …………………………7
　2　IASC（IASB）「概念フレームワーク」の目的とFASB
　　「概念フレームワーク」の目的の比較 ……………………………8
　3　1989年『概念フレームワーク』における「概念フレーム
　　ワーク」の目的の有する特徴とその後の展開 …………………10
Ⅳ　結　　論 ……………………………………………………………13

第2章　概念フレームワークの論理性……………………………17

- Ⅰ　序　　説………………………………………………………17
- Ⅱ　分析の枠組み…………………………………………………18
  - 1　論理と前提…………………………………………………18
  - 2　本章における着目点………………………………………20
- Ⅲ　概念フレームワークの目的と特性…………………………22
  - 1　概念フレームワークの目的………………………………22
  - 2　質的特性と具体的要件……………………………………23
  - 3　補強的な特性要件…………………………………………24
- Ⅳ　財務諸表に関する規定内容…………………………………24
- Ⅴ　結論：概念フレームワークの構造と論理性………………27
  - 1　概念フレームワークの構造………………………………27
  - 2　概念フレームワークの論理性……………………………29

第3章　IASB概念フレームワークの全体像……………………33

- Ⅰ　序説：IASB概念フレームワークの歴史的位置づけとその含意…33
- Ⅱ　プロジェクト・サマリーにもとづく変更点の概観………36
  - 1　プロジェクト・サマリーで示された主な変更点………36
  - 2　新設されたトピック………………………………………37
  - 3　アップデートされたトピック……………………………39
  - 4　明確化された概念…………………………………………39
- Ⅲ　IASB概念フレームワークの基底にある会計思考………42
  - 1　忠実な表現の新たな展開…………………………………42
  - 2　利益概念の変質……………………………………………42

第4章　財務報告の目的
　　　　　－経済の金融化現象と英米の対立－ …………………………47

Ⅰ　序　　　説………………………………………………………………47
Ⅱ　IASB/FASBの新概念フレームワーク（2010年）の特徴と
　　問題点……………………………………………………………………48
　1　経済の金融化現象とIASB/FASBの新概念フレームワー
　　　クの作業開始…………………………………………………………48
　2　討議資料（2006年）と公開草案（2008年）の分析……………50
　3　IASB/FASBの新概念フレームワーク（2010年）の特徴
　　　と問題点………………………………………………………………54
Ⅲ　IASBの最新概念フレームワーク（2018年）の到達点……………56
Ⅳ　結　　　論………………………………………………………………58

第5章　有用な財務情報の質的特性………………………………63

Ⅰ　序　　　説………………………………………………………………63
Ⅱ　有用な財務情報の質的特性の検討……………………………………64
　1　有用な財務情報の質的特性の開発の概要…………………………64
　2　有用な財務情報の質的特性の概要 …………………………………65
　3　有用な財務情報の質的特性…………………………………………67
　4　質的特性の適用………………………………………………………71
　5　質的特性の実質化……………………………………………………73
Ⅲ　質的特性の特徴点と問題点……………………………………………76
　1　質的特性の特徴点……………………………………………………76
　2　質的特性の問題点……………………………………………………78
Ⅳ　結　　　論………………………………………………………………79

第6章 財務諸表と報告企業 ……………………………………83

- Ⅰ 序　　　説 ……………………………………………………83
- Ⅱ 改訂概念フレームワーク第3章「財務諸表と報告企業」…………85
  - 1 「財務諸表」セクション ………………………………………85
  - 2 「報告企業」セクション ………………………………………86
  - 3 小　　　括 ……………………………………………………87
- Ⅲ 改訂概念フレームワーク第3章の形成プロセス ………………88
  - 1 2005年「予備的なスタッフ調査」……………………………88
  - 2 2008年DP ……………………………………………………88
  - 3 2010年ED ……………………………………………………89
  - 4 2015年ED ……………………………………………………90
- Ⅳ 結論：改訂概念フレームワーク第3章の含意 …………………91
  - 1 報告企業の範囲の画定 ………………………………………91
  - 2 企業全体の視点 ………………………………………………93
  - 3 改訂概念フレームワーク第3章の意義 ………………………95

第7章 財務諸表の構成要素 ……………………………………99

- Ⅰ 序　　　説 ……………………………………………………99
- Ⅱ 財務諸表構成要素の概観 ………………………………………99
  - 1 改訂の要旨の一覧（IASBが明示した改訂の要点）……………99
  - 2 構成要素（資産，負債，持分，収益及び費用）の定義，財務諸表の役割と名称 …………………………………………………102
  - 3 構成要素の関係性（借方と貸方，ストックとフロー）………105
- Ⅲ 構成要素の定義の指示内容（具体的例示項目）………………108
  - 1 各国団体における資産の定義の一覧と「取引」の位置づけ … 108

2　経済的資源の指示内容の比較（「討議資料」とAPBステートメント4号）………………………………………………………… 111
　　3　会計単位の選択 ………………………………………… 114
　Ⅳ　結　　論 ………………………………………………… 115

第8章　財務諸表の構成要素の認識 …………………………… 119

　Ⅰ　序　　説 ………………………………………………… 119
　Ⅱ　「財務諸表の構成要素の認識」に係わる記述 ……………… 120
　　1　認識規準に係わる記述 ………………………………… 120
　　2　目的適合性のある情報を提供しない可能性に関するガイダンスに係わる記述 ………………………………………… 122
　Ⅲ　「財務諸表の構成要素の認識」に係わる記述の変遷 ……… 124
　　1　2010年『概念フレームワーク』における改訂とその後の展開 …………………………………………………………… 124
　　2　2010年『概念フレームワーク』の改訂を受けて行われた「財務諸表の構成要素の認識」に係わる記述の変遷 ……… 127
　Ⅳ　結　　論 ………………………………………………… 130

第9章　財務諸表の構成要素の測定 …………………………… 135

　Ⅰ　序　　説 ………………………………………………… 135
　Ⅱ　測定の目標 ……………………………………………… 135
　Ⅲ　混合測定と二重測定 …………………………………… 137
　　1　混合測定 ………………………………………………… 137
　　2　二重測定 ………………………………………………… 138
　Ⅳ　測定基礎 ………………………………………………… 139
　　1　DPにおいて示された測定基礎 ………………………… 139

2　EDにおいて示された測定基礎 …………………………… 140
　　3　2018年概念フレームワークにおいて示された測定基礎 …… 142
　Ⅴ　結　　論 ……………………………………………………… 144

第10章　表示及び開示
　　　　　－純損益を中心に据えた財務業績の開示の意味－ ……… 149

　Ⅰ　序　　説 ……………………………………………………… 149
　Ⅱ　表示及び開示の概要 …………………………………………… 150
　　1　表示及び開示の目的と原則 …………………………………… 150
　　2　純損益とその他の包括利益の分類 …………………………… 153
　　3　その他の包括利益の純損益への組替え ……………………… 155
　Ⅲ　目的適合性と忠実な表現に依拠した財務業績 ……………… 156
　　1　2010年概念フレームワークにおける質的特性の改訂 ……… 156
　　2　2007年IAS1の改訂 …………………………………………… 159
　Ⅳ　財務業績の表示及び開示の二面性 …………………………… 161
　　1　資産負債アプローチの意味と利益概念 ……………………… 161
　　2　純損益と包括利益の二元開示の含意 ………………………… 163
　Ⅴ　結　　論 ……………………………………………………… 164

第11章　資本及び資本維持の概念 ……………………………… 169

　Ⅰ　序　　説 ……………………………………………………… 169
　Ⅱ　資本維持概念と利益計算 ……………………………………… 170
　　1　概念フレームワーク上の資本概念の取扱 …………………… 170
　　2　資本及び資本維持の概念 ……………………………………… 170
　　3　資本維持概念・測定基礎と利益計算 ………………………… 173
　Ⅲ　IASB概念フレームワークの計算構造の検討 ……………… 175

	1 構成要素の定義と利益観	176
	2 認識規準	176
	3 測定基礎	177
	4 利益概念とその計算	179
Ⅳ	問題点	180
	1 測定	181
	2 利益の定義とリサイクリングの基準	182
Ⅴ	結論	183

IASBの概念フレームワーク

岩崎　勇　編著

第1章　IASC（IASB）概念フレームワークの目的
─概念フレームワークの意義と必要性─

Ⅰ　序　　説

　米国財務会計基準審議会（FASB）による概念フレームワークの制定は，その後，カナダ勅許会計士協会（CICA），オーストラリア会計基準審議会（AcSB & PSASB）等における同様の概念フレームワーク制定の動きをもたらした。そしてそれを受けて，国際会計基準委員会（IASC）は1989年7月に『財務諸表の作成及び表示に関するフレームワーク』（以下，1989年『概念フレームワーク』）（IASC[1989b]）を制定した。

　その後，IASCは2001年4月に組織変更され，国際会計基準審議会（IASB）が設立されたが，概念フレームワークについてはそのまま踏襲されていた（以下，2001年『概念フレームワーク』）（IASB[2001]）。そして，2004年10月に，IASBはFASBと概念フレームワークの改訂プロジェクトを共同で立ち上げ，共同プロジェクトの成果として，2010年9月にフェーズAに関する改訂概念フレームワーク（以下，2010年『概念フレームワーク』）（IASB[2010]）を公表した。

　しかし，その後この共同プロジェクトは「休止」され，フェーズB以下の作業は将来の課題として先送りされることになった。

　ところが，IASBは2012年5月に単独で概念フレームワーク・プロジェクトの「再開」を決定し，2013年7月には討議資料『財務報告に関する概念フレームワークの見直し』（以下，2013年『討議資料』）（IASB[2013]）を公表した。そしてその後，IASBは当該討議資料に対する意見の募集を経て，2015年5月に公開草案『財務報告に関する概念フレームワーク』（以下，2015年『公開草案』）（IASB[2015]）を公表し，当該公開草案に対する意見の検討が行われていた。それを受けて，2018年3月に『財務報告に関する概念フレームワーク』

（以下，2018年『概念フレームワーク』）(IASB[2018]) が公表されたのである。

そこで，本章においては，1989年『概念フレームワーク』（2001年『概念フレームワーク』），2010年『概念フレームワーク』，2013年『討議資料』，2015年『公開草案』及び2018年『概念フレームワーク』を取り上げ，そこにおける「概念フレームワーク」の目的に係わる記述の変遷を跡づけることにする。そしてそのことによって，IASC (IASB)「概念フレームワーク」の目的の有する特徴について明らかにすることにする。

II　IASC（IASB)「概念フレームワーク」の目的の変遷

1　1989年『概念フレームワーク』(2001年『概念フレームワーク』)における「概念フレームワーク」の目的

1989年『概念フレームワーク』（2001年『概念フレームワーク』）(IASC[1989b] (IASB[2001])) においては，「概念フレームワーク」は外部の利用者のための財務諸表の作成及び表示の基礎をなす概念を述べたものであるとした上で，その目的として，次の七つがあげられている (par.1)[1]。

(1)　IASC理事会が将来の国際会計基準の開発と現行の国際会計基準の見直しを行うために役立つこと

(2)　国際会計基準が認めている代替的な会計処理の数を削減するための基礎を提供することにより，IASC理事会が財務諸表の表示に関する規則，会計基準及び手続の調和を促進するために役立つこと

(3)　各国の会計基準設定主体が国内基準を開発する際に役立つこと

(4)　財務諸表の作成者が国際会計基準を適用する際や，国際会計基準の主題となっていないテーマに対処する際に役立つこと

(5)　財務諸表が国際会計基準に準拠しているかどうかについて，監査人が意見を形成する際に役立てること

(6)　財務諸表の利用者が国際会計基準に準拠して作成された財務諸表に含ま

れる情報を解釈するのに役立つこと
(7) IASCの作業に関心を有する人々に，国際会計基準の形成へのアプローチに関する情報を提供すること

2 2010年『概念フレームワーク』における「概念フレームワーク」の目的

2010年『概念フレームワーク』（IASB[2010]）においては，IASBが「概念フレームワーク」の目的を検討する際に見直されることとなるが，それまではその目的は従来どおりであるとしている（Introduction, p.5）。そのことから，ここでは，1989年『概念フレームワーク』から引き継がれ，「概念フレームワーク」は外部の利用者のための財務諸表の作成及び表示の基礎をなす概念を述べたものであるとした上で，その目的として，次の七つがあげられている（Purpose and status, p.6）。

(1) 当審議会が，将来のIFRSの開発と現行のIFRSの見直しを行うために役立つこと
(2) IFRSが認めている代替的な会計処理の数を削減するための基礎を提供することにより，当審議会が財務諸表の表示に関する規則，会計基準及び手続の調和を促進するために役立つこと
(3) 各国の会計基準設定主体が国内基準を開発する際に役立つこと
(4) 財務諸表の作成者がIFRSを適用する際や，IFRSの主題となっていないテーマに対処する際に役立つこと
(5) 財務諸表がIFRSに準拠しているかどうかについて，監査人が意見を形成する際に役立てること
(6) 財務諸表利用者がIFRSに準拠して作成された財務諸表に含まれる情報を解釈するのに役立つこと
(7) IASBの作業に関心を有する人々に，IFRSの形成へのアプローチに関する情報を提供すること

3　2013年『討議資料』における「概念フレームワーク」の目的

　2013年『討議資料』（IASB[2013]）において，「概念フレームワーク」は財務諸表の作成及び表示の基礎をなす概念を述べたものであるとした上で（par.1.25），IASBは「概念フレームワーク」の考えうる用途の長大なリストは，改訂「概念フレームワーク」を開発する際に有用ではないとしている（par.1.26）。

　むしろ，改訂「概念フレームワーク」の主たる目的は，
(1)　IASBがIFRSの開発及び改訂を行う際に一貫して使用することとなる概念を識別することにより，IASBを支援することにあり（par.1.26），また，
(2)　IASB以外の関係者（例えば，作成者，監査人，規制機関，財務諸表利用者）を，①現行のIFRSの理解と解釈，②特定の取引又は事象に具体的に当てはまるIFRSがない場合の会計方針の策定という点で助ける上で重要な役割を果たすことにある（par.1.27），

としている。

4　2015年『公開草案』における「概念フレームワーク」の目的

　2015年『公開草案』（IASB[2015]）において，「概念フレームワーク」は，一般目的財務報告の目的及び概念を記述しており，その目的は，
(1)　IASBが首尾一貫した概念に基づいた基準を開発するのを支援する，
(2)　特定の取引又は事象に当てはまる基準がない場合，又は基準が会計処理の選択を認めている場合に，作成者が首尾一貫した会計方針を策定するのを支援する，
(3)　すべての関係者が基準を理解し解釈することを支援する，

ことにあるとしている（par.IN1）。

5 2018年『概念フレームワーク』における「概念フレームワーク」の目的

2018年『概念フレームワーク』(IASB[2018])において,「概念フレームワーク」は,一般目的財務報告の目的及び概念を記述しており,その目的は,
(1) IASBが首尾一貫した概念に基づいたIFRS基準(基準)を開発するのを支援する,
(2) 特定の取引又はその他の事象に当てはまる基準がない場合,又は基準が会計処理の選択を認めている場合に,作成者が首尾一貫した会計方針を策定するのを支援する,
(3) すべての関係者が基準を理解し解釈することを支援する,

ことにあるとしている (par.SP1.1)。

Ⅲ　IASC (IASB)「概念フレームワーク」の目的の有する特徴

ここでは,IASC (IASB)「概念フレームワーク」が,FASB「概念フレームワーク」の制定を受けて成立していることから,IASC (IASB)「概念フレームワーク」の目的をFASB「概念フレームワーク」の目的と比較することにより,IASC (IASB)「概念フレームワーク」の目的の特徴を明らかにすることにする。

1　FASB「概念フレームワーク」の目的

米国においては,会計原則設定にあたり,指導原理性を有する会計原則を制定するという流れと実践規範性を有する会計基準を設定するという流れの二つの流れがあり,かかる機能を前者については米国会計学会 (AAA) が,後者については米国公認会計士協会 (AICPA) がそれぞれ担うという形で二元的になされてきた (津守[1988]54頁)。しかし,1970年代に入りFASBの成立と共に,この両者の機能がFASBに一元化されることになった。そこで,今度はFASB

の内部においてその二元化が図られることになり，具体的には前者の機能は概念フレームワーク（財務会計概念書）制定の動きとして，また，後者の機能は会計基準（財務会計基準書）設定の動きとして捉えることができるのである（高須[1991]64頁）。

そして，このような機能を有するFASB「概念フレームワーク」について，FASBは，財務会計概念書第1号『営利企業の財務報告の目的』において，一連の財務会計概念書の目的は財務会計基準及び財務報告基準の基礎となる根本原理を明らかにすることにあり，もっと具体的にいえば，それはFASBが財務会計基準及び財務報告基準を開発する際に用いる目的と概念を確立することにあるとしている（FASB[1978]preface）。

また，FASBが用いる目的と概念を理解すれば，財務会計基準によって影響を受ける人々又はこれに関心をもつ人々は，財務会計及び財務報告によって提供される情報の内容と限界をより一層理解できるようになり，その結果，当該情報を効果的に利用できるようになり，財務会計及び財務報告の信頼性も高まることになるとする（FASB[1978]preface）。

さらに，FASBは，慎重に用いることが前提であるが，かかる目的と概念は，適用しうる権威ある公式見解がない場合には，財務会計及び財務報告の新しい又は緊急の問題を解決するための指針にもなりうるとしている（FASB[1978]preface）。

そして，ここであげられているFASB「概念フレームワーク」の目的を，論理枠として，指導原理性を有する「概念フレームワーク」がもつべき基本的な目的とすることにする[2]。なお，この指導原理性を有する会計原則と実践規範性を有する会計基準との二元的構造は，IASC（IASB）においても形は異なるものの同様に存在しているといえるのである。

2　IASC（IASB）「概念フレームワーク」の目的とFASB「概念フレームワーク」の目的の比較

そこで，ここでは，IASC（IASB）「概念フレームワーク」の目的を上記の

第1章　IASC（IASB）概念フレームワークの目的

FASB「概念フレームワーク」の目的と比較することによって，IASC（IASB）「概念フレームワーク」の目的においてそれに付加されている目的がないかどうか，またそれから削除されている目的がないかどうかを明らかにすることにする。

まず，1989年『概念フレームワーク』（2001年『概念フレームワーク』）においては，「概念フレームワーク」の目的として七つの目的があげられているが，このうち，(1)，(4)，(5)，(6)，(7)の目的については，FASB「概念フレームワーク」の目的に包摂される目的であり[3]，(2)，(3)の目的はそれに付加された目的であるといえる。

そしてこのことは，1989年『概念フレームワーク』（2001年『概念フレームワーク』）を引き継いでいる2010年『概念フレームワーク』における「概念フレームワーク」の目的にも当てはまることになる。しかし，2010年『概念フレームワーク』については，IASBが「概念フレームワーク」の目的を検討する際に見直されることになるとして，「それまでは」という限定が付されていたのである。

その一方で，2013年『討議資料』，2015年『公開草案』及び2018年『概念フレームワーク』においてあげられている「概念フレームワーク」の目的は，FASB「概念フレームワーク」の目的と一致していることが明らかになる。すなわち，2013年『討議資料』，2015年『公開草案』及び2018年『概念フレームワーク』においては，「概念フレームワーク」の基本的な目的のみが提示されているといえるのである。

このことから，IASC（IASB）「概念フレームワーク」の目的として，1989年『概念フレームワーク』（2001年『概念フレームワーク』），そしてそれを引き継いだ2010年『概念フレームワーク』における「概念フレームワーク」の目的が異質なものであることが明らかになる。言い換えると，1989年『概念フレームワーク』を制定するときに，IASCが「概念フレームワーク」の基本的な目的に加えて，それに固有の目的を付加していたといえるのである。

3 1989年『概念フレームワーク』における「概念フレームワーク」の目的の有する特徴とその後の展開

(1) 1989年『概念フレームワーク』における「概念フレームワーク」の目的の特徴

　1989年『概念フレームワーク』には，基本的な目的に加えて，それに固有の目的が付加されていたことが明らかになった。それでは，1989年『概念フレームワーク』が制定されたのはなぜであろうか。また，1989年『概念フレームワーク』において，そのような固有の目的が付加されていたのはなぜであろうか。

　この問いに対する解答を導き出す上で手がかりとなるのが，IASCによる公開草案第32号『財務諸表の比較可能性』(E 32) (IASC[1989a]) の公表であろう。IASCは会計基準を設定するにあたって，一貫して各国の会計基準の間に相違があることを認識した上で，その妥協を図るという手法を採用してきた。その結果，採択された会計基準においては，各々の国において認められている会計方法のほとんどすべてを容認するということになっていた。したがって，IASCにおける実践規範性を有する会計基準の対概念はIASC自体における指導原理性を有する会計原則ではなく，各々の国における指導原理性を有する会計原則となり，その限りにおいて，IASC自体が指導原理性を有する会計原則をもつ必要性は存在しなかったのである（高須[1991]70頁）。

　しかし，その後，IASCを取り巻く状況に大きな変化が生じることになり，IASCはそれに対する対応を余儀なくされたのである。具体的にいうと，国際連合，経済協力開発機構（OECD）等の規制主体が国際的基準（会計基準及びディスクロージャー基準）設定の場に登場してきたことから（徳賀[1990]51頁），IASCは国際的会計基準設定主体としての独自性を示さなければならない状況に追い込まれたこと，また，IASCに対する支持を打ち出していた証券監督者国際機構（IOSCO）も支持の条件として選択可能な会計方法の減少による比較可能性の上昇をあげていた（徳賀[1990]50頁）ことからそれに答える必要性が

第1章　IASC（IASB）概念フレームワークの目的

生じてきたこと，という状況の出現である（高須[1991]70-71頁）。

このような状況において，もはやIASCは今までのような妥協に基づく合意戦略を採用することができなくなった。なぜならば，かかる戦略を採る場合には選択可能な会計方法は増大し，その縮小を図ることは不可能であるからである。そこで，IASCはかかる妥協に基づく合意戦略から訣別し，独自の道を歩む必要に迫られることになり，そのことが結果としてE 32の公表をもたらしたといえるのである（高須[1991]71頁）。

したがって，ここにおいてIASCは各々の国における指導原理性を有する会計原則を対概念とするのではない独自の実践規範性を有する会計基準の設定を迫られることになったのである。そしてこのことは同時に，IASC自体における指導原理性を有する会計原則制定の必要性をもたらすことになった。その意味で，IASCによる1989年『概念フレームワーク』の制定は，会計基準設定戦略の変更を先取りする形で指導原理性を有する会計原則の制定として行われたといいうるのである（高須[1991]71頁)[4]。

このことから，1989年『概念フレームワーク』においてあげられていた固有の目的である「代替的な会計処理の数を削減するための基礎を提供することにより，財務諸表の表示に関する規則，会計基準及び手続の調和を促進するために役立つこと」，「各国の会計基準設定主体が国内基準を開発する際に役立つこと」という目的は，当時のIASCの置かれていた状況及びそこでIASCが採用した会計基準設定戦略に起因するものであり，その意味で，まさにそれに固有の目的であったといえる[5]。

(2) 1989年『概念フレームワーク』以後における「概念フレームワーク」の目的をめぐる展開

2001年『概念フレームワーク』及び2010年『概念フレームワーク』においては，1989年『概念フレームワーク』における「概念フレームワーク」の目的が踏襲されていた。しかし，2013年『討議資料』においては，「概念フレームワーク」の考えうる用途の長大なリストは，改訂「概念フレームワーク」を

11

開発する際に有用ではない（IASB[2013]par.1.26）として，固有の目的が削除され，基本的な目的のみがそこではあげられている。そして，この考え方は，2015年『公開草案』及び2018年『概念フレームワーク』においても踏襲されている。

しかも，2010年『概念フレームワーク』においては，当面はその目的は従来どおりであるが，IASBが「概念フレームワーク」の目的を検討する際に見直されることとなるとしていた。

これらのことから，「概念フレームワーク」の目的から1989年『概念フレームワーク』に固有の目的が削除され，基本的な目的のみになったのは2013年『公開草案』の公表からであるが，かかる動向は既に2010年『概念フレームワーク』の公表の時点には，存在していたといえるのである。

それでは，何がIASBに「概念フレームワーク」の目的をめぐるこのような変更を行わせたのであろうか。その問いに対する解答は，その変更によって基本的な目的には変更がなく，付加された目的のみが削除されていることから，1989年『概念フレームワーク』の制定当時に存在していた固有の目的の必要性が存在しなくなったというものである。

まず，「代替的な会計処理の数を削減するための基礎を提供することにより，財務諸表の表示に関する規則，会計基準及び手続の調和を促進するために役立つこと」という目的は，比較可能性・改善プロジェクトとそれに続くIOSCOとのコア・スタンダードをめぐる調整が2000年5月に終了したことから，その必要性がなくなったといえる。また，「各国の会計基準設定主体が国内基準を開発する際に役立つこと」という目的も，IASBの設立後，時間の経過と共に，会計基準の国際的収斂が進行していることから，その必要性がなくなってきたといえる[6]。

Ⅳ 結　　論

　本章においては，1989年『概念フレームワーク』（2001年『概念フレームワーク』），2010年『概念フレームワーク』，2013年『討議資料』，2015年『公開草案』及び2018年『概念フレームワーク』を取り上げ，そこにおける「概念フレームワーク」の目的に係わる記述の変遷を跡づけることによって，IASC (IASB)「概念フレームワーク」の目的の有する特徴について検討してきた。

　その結果，FASB「概念フレームワーク」の目的を論理枠として比較することによって，IASC (IASB)「概念フレームワーク」の目的として，1989年『概念フレームワーク』（2001年『概念フレームワーク』），そしてそれを引き継いだ2010年『概念フレームワーク』においては，「概念フレームワーク」の基本的な目的に加えて，固有の目的が付加されていたのに対して，2013年『討議資料』，2015年『公開草案』及び2018年『概念フレームワーク』においては，「概念フレームワーク」の基本的な目的のみがあげられていることが明らかになった。

　そして，1989年『概念フレームワーク』において，基本的な目的に加えて，固有の目的が付加されていたのは，当時のIASCの置かれていた状況及びそこでIASCが採用した会計基準設定戦略に起因するものであり，また，その後，2013年『討議資料』において，固有の目的が削除され，「概念フレームワーク」の基本的な目的のみがあげられているのは，1989年『概念フレームワーク』の制定当時に存在していた固有の目的を付加する必要性が存在しなくなったからといえるのである。

　しかもこの立場は，2015年『公開草案』及び2018年『概念フレームワーク』においても踏襲されていることから，その状況が今日に至るまで継続しているといえる。

　そして，このことは，IASC (IASB)「概念フレームワーク」をめぐる状況が，IASBの設立後，時間の経過を経て，会計基準の国際的な収斂を目指す「国内

会計基準の国際会計基準化」からIFRSの採用（アドプション）による「国際会計基準の国内会計基準化」へと変容して行ったことを示しているといえるのである[7]。

〔注〕
1) 2001年『概念フレームワーク』においては，IASCがIASBに，国際会計基準が国際財務報告基準（IFRS）に読み替えられるなどの形式的変更が行われている。
2) D. Solomonsは「概念フレームワーク」の役割として，それ以外に「会計の政治化に対する防御となりうること」をあげているが（Solomons[1986]pp. 115-116），この役割は「財務会計基準及び財務報告基準を開発する際に用いる目的と概念を確立すること」によって論理的には達成されることになる。
3) (5)の「監査人が意見を形成する際に役立てること」という目的については，監査人が「財務会計基準によって影響を受ける人々又はこれに関心をもつ人々」に含まれることから，FASB「概念フレームワーク」の目的に包摂されているといえる。
4) 1989年『概念フレームワーク』が制定されたのは，1989年7月であるが，その公開草案（IASC[1988]）は1988年5月に公表されていた。
5) IASCによる指導原理性を有する会計原則である1989年『概念フレームワーク』の対概念となる実践規範性を有する会計基準は，国際会計基準であるが，この当時，会計基準の国際的収斂は進行しておらず，それが各国の会計基準と異なっていたことから，「各国の会計基準設定主体が国内基準を開発する際に役立つこと」という目的が固有の目的として付加されていたといえる。
6) IASBによる指導原理性を有する会計原則である「概念フレームワーク」の対概念となる実践規範性を有する会計基準は，IFRSであるが，会計基準の国際的収斂の進行により，それが各国の会計基準とほとんど異なるところがなくなってきたことから「各国の会計基準設定主体が国内基準を開発する際に役立つこと」という目的を固有の目的として付加する必要性がなくなったといえる。
7) IASBは，2010年『概念フレームワーク』の公表を受けて，「国際財務報告基準に関する趣意書」におけるIASBの目的に関する記述の一部について，「(d) 高品質の解決に向けて各国の会計基準とIFRSとの収斂（コンバージェンス）をもたらすこと」（IASB[2009]par.6）から「(d) IFRS（IASBが公表する基準及び解釈指針）の採用（アドプション）を各国の会計基準とIFRSとの収斂（コンバージェンス）を通じて推進し促進すること」（IASB[2011]par.6）に変更を行っている。

【参考文献】
FASB[1976] *Scope and Implications of the Conceptual Framework Project*, FASB（森川八洲男監訳『現代アメリカ会計の基礎概念―FASB財務会計概念報告

書―』白桃書房，1988年).
FASB[1978] *Objectives of Financial Reporting by Business Enterprises*, Statement of Financial Accounting Concepts No.1, FASB（平松一夫・広瀬義州訳『FASB 財務会計の諸概念〔改訳版〕』中央経済社，1990年).
IASB[2001] *Framework for the Preparation and Presentation of Financial Statements*, IASB（IASC財団編，企業会計基準委員会・財団法人財務会計基準機構監訳『国際財務報告基準（IFRS）2007』レクシスネクシス・ジャパン，2007年).
IASB[2009] *Preface to International Financial Reporting Standards*, IASB（IASB, *International Financial Reporting Standards (IFRS) 2009*, IASB)（IASC財団編，企業会計基準委員会・公益財団法人財務会計基準機構監訳『国際財務報告基準（IFRS）2010』中央経済社，2010年).
IASB[2010] *The Conceptual Framework for Financial Reporting 2010*, IASB（IFRS財団編，企業会計基準委員会・公益財団法人財務会計基準機構監訳『国際財務報告基準（IFRS）2012』中央経済社，2012年).
IASB[2011] *Preface to International Financial Reporting Standards*, IASB（IASB, *International Financial Reporting Standards (IFRS) 2011*, IASB)（IFRS財団編，企業会計基準委員会・公益財団法人財務会計基準機構監訳『国際財務報告基準（IFRS）2012』中央経済社，2012年).
IASB[2013] *A Review of the Conceptual Framework for Financial Reporting*, Discussion Paper, DP/2013/1, IASB（企業会計基準委員会訳『財務報告に関する概念フレームワークの見直し』).
IASB[2015] *Conceptual Framework for Financial Reporting*, Exposure Draft, ED/2015/3, IASB（企業会計基準委員会訳『財務報告に関する概念フレームワーク』（公開草案)).
IASB[2018] *Conceptual Framework for Financial Reporting*, IASB.
IASC[1988] *Framework for the Preparation and Presentation of Financial Statements*, Proposed Statement, Exposure Draft, IASC.
IASC[1989a] *Comparability of Financial Statements, Proposed amendments to International Accounting Standards 2, 5, 8, 9, 11, 16, 17, 18, 19, 21, 22, 23 and 25*, E32, IASC（国際会計基準委員会訳『国際会計基準　財務諸表の比較可能性，国際会計基準第2号，第5号，第8号，第9号，第11号，第16号，第17号，第18号，第19号，第21号，第22号，第23号及第25号の改訂案』（公開草案第32号))．
IASC[1989b] *Framework for the Preparation and Presentation of Financial Statements*, IASC（国際会計基準委員会訳『財務諸表の作成表示に関する枠組み』).
Solomons, D.[1986] "The FASB's Conceptual Framework: An Evaluation", *The Journal of Accountancy*, Vol.161, No.6, pp.114-124.
国際会計研究学会研究グループ（主査　岩崎勇）[2016]『IFRSの概念フレームワークについて〔最終報告書〕』国際会計研究学会．

高須教夫[1991]「概念フレームワークの本質的機能に関する一考察」『會計』第139巻第3号,64-75頁。
高須教夫[2012]「意思決定有用性アプローチの確立と概念フレームワークの形成―アメリカにおける会計規制の観点から―」千葉準一・中野常男編『会計と会計学の歴史』中央経済社,2012年,373-409頁。
津守常弘[1988]「会計基準設定の現代的特徴と方向(一)」『會計』第133巻第1号,44-64頁。
徳賀芳弘[1990]「会計上の『概念枠組』の意義と問題点」津守常弘編『現代社会と経営・経済指標』海鳥社,1990年,41-61頁。
平松一夫・辻山栄子編[2014]『会計基準のコンバージェンス』中央経済社。
藤井秀樹編[2014]『国際財務報告の基礎概念』中央経済社。

(高須　教夫・岩崎　勇)

第2章　概念フレームワークの論理性

I　序　　説

　IFRSおよびIASにおける概念フレームワークあるいはフレームワークは，これまでに幾度かの変遷を経ている。このうち2018年3月に公表された「The Conceptual Framework for Financial Reporting」（以下：概念フレームワーク）が，2018年12月現在における最新版である。また概念フレームワークの公表と同時にこれに付随する「Basis for Conclusions on the Conceptual Framework for Financial Reporting」（以下：概念フレームワーク結論の根拠）が公表されている。本章ではこれらの概念フレームワークと概念フレームワーク結論の根拠を検討対象としている。

　これまでIASBは概念フレームワークプロジェクトを進めてきた。従前の概念フレームワークは2010年に公表されたもので，その序文によれば，上記プロジェクトの第1フェーズの結果を反映し，1989年に公表された「Framework for the Preparation and Presentation of Financial Statements」の第1章と第3章を改訂したものである。

　その後，検討が進められ2013年7月には「Discussion Paper A Review of the Conceptual Framework for Financial Reporting」およびその日本語版である「ディスカッションペーパー『財務報告に関する概念フレームワーク』の見直し」が公表された。また2015年5月には「Exposure Draft Conceptual Framework for Financial Reporting」およびその日本語版である「公開草案『財務報告に関する概念フレームワーク』」（以下：公開草案）が公表され，同時にこれに付随する「Basis for Conclusions on the Exposure Draft Conceptual Framework for Financial Reporting」およびその日本語版である「結論の

根拠　公開草案『財務報告に関する概念フレームワーク』」（以下：公開草案結論の根拠）が公表された。これらの公開草案の内容および表現の一部を修正のうえ，確定版として上記の概念フレームワークおよび概念フレームワーク結論の根拠が公表されたものである。

　なお，本章における概念フレームワークからの引用はパラグラフのみを示している。引用にあたり日本語に翻訳しているが，翻訳にあたり公開草案から変更のない部分は，一部修正のうえ日本語版の公開草案および公開草案結論の根拠に基づいている。また変更がある部分は，日本語版の公開草案および公開草案結論の根拠を参考に筆者が翻訳したものである。

Ⅱ　分析の枠組み

1　論理と前提

　本章では筆者が，これまでの研究において用いた枠組みに基づく分析を行う。筆者は（安井 [2014].p 64）および（安井 [2015].pp 5-13）において論理と前提とに関する見解を示している。すなわちここで論理とは，一定の前提の下で推論規則により結論を導くこととしている。前提は出発点となるものである。また推論規則とは結論を導くにあたり用いてもよい規則をいう。推論規則の例として三段論法をあげることができる。すなわち「AならばB」（前提1）かつ「BならばC」（前提2）のときに「AならばC」（結論）を導くことができる。ここで注目すべきはA，BおよびCにいかなる言語を当てはめても，常にこの関係が成立することである。換言すれば，論理を言語または記号の相互の関係のみを対象として捉える構文論の立場によるものである。ここで挙げた三段論法は，以下の（図2-1）を用いて検証することができる。

　具体的な言語を当てはめた例をあげれば，「株式は有価証券である。」および「有価証券は公正価値で評価する。」という前提から「株式は公正価値で評価する。」という結論を導くことができる。そしてこの関係は常に成立する。

図 2-1

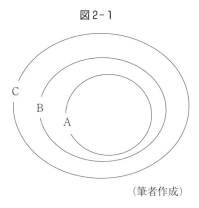

(筆者作成)

　一方，論理ではない関係は実証として捉えるものである。ここで実証とは広く経験によってその関係を認識する場合を言う。例えば「勘定科目は詳細な方が投資意思決定に有用である。」ということは，有用である場合を経験的に認識することはあっても，常に成立するわけではない。

　また論理的に成立する場合でも常に現実を捉えているわけではない。前提が現実を捉えていなければ，論理的に成立しても現実を捉えない。前提が現実を捉えている必要があるが，これは論理ではなく実証で捉える必要がある。例えば「株式は有価証券である。」という前提は，金融商品取引法に規定されている現実を捉えたものである。このほか前提には定義，環境が考えられる。

　このように論理と経験的に捉える前提とを分ける理由は，その検証に資するためである。ある言説が現実を捉えていない場合に，論理に問題があるのか前提に問題があるのかを分けることによって検証方法が異なる。論理的な部分については，論理規則に基づいたものであるのかを検証すればよい。また実証的な部分については，その根拠となる資料をもとに検証すればよい。なお論理的な部分については一定の前提のもとで普遍性をもつが，実証的な部分については普遍性をもたない点に注意する必要がある。

　また論理的な根拠を示しているようであるが，実際には論理的ではない場合が存在する。例えば「AならばB」を前提として「BならばA」を導く場合で

ある。このような場合は不完全な論理によっているといえる。一方で実証的な根拠を示しているようであるが，実際には，具体的な資料を示していない場合が存在する。例えば前述の「勘定科目は詳細な方が投資意思決定に有用である。」という主張は，それだけではその根拠が示されていないため，不完全であるといえる。

以上の枠組みのもとで（安井[2014]．p64）では，IFRSが論理体系ではないことを指摘した。これは概念フレームワークを前提として，推論規則からすべてのIFRSの規定を導くことができないということであり，また概念フレームワークは前提の一部を示しているのみであるということである。

2　本章における着目点

本章では概念フレームワークそのものを分析の対象としている。具体的な分析を進めるにあたっては，概念フレームワークの内容のうち重要と考えられるものを抜き出し，分析対象としている。その中でも特に以下の記述にあるように，概念フレームワークの各要素が，その目的から論理的に生じたものであるのか否かに着目している。

「一般目的財務報告の目的は，概念フレームワークの基礎をなすものである。概念フレームワークのその他の側面－質的特性，費用の制約，有用な財務情報，報告企業概念，財務諸表の要素，認識および認識の中止，測定，表示および開示－は，その目的から論理的に生じるものである。」（par.1.1）

なおここでは「一般目的財務報告」という表現が用いられている。しかし概念フレームワークでは「財務諸表」という表現も用いられている。概念フレームワーク結論の根拠では，財務報告と財務諸表の関係について以下のように説明されている。

「第2章では目的を達成するために有用な財務情報の質的性格を論じている。

それらの質的性格は，財務諸表において提供される財務情報と他の財務報告において提供される財務情報の両方に適用されるものである。」(par.BC 3.1)

「財務諸表は財務報告の中心部分であり，審議会が取り扱った問題の大部分は財務諸表に関するものである。(中略) 2018年フレームワークの第3章〜第8章は財務諸表において提供される情報に焦点を当てたもので，例えば経営者による説明，期中財務報告，プレスリリース，分析用の補足資料などといった他の様式の財務報告を取り扱っていない。」(par.BC 3.2)

これらの説明から，財務報告の一形態が財務諸表であることがわかる。ただし財務報告のうち，概念フレームワークを通して取り扱っているのは財務諸表である。そのため本章では財務報告のうち財務諸表についての考察を行うものとする。

また「一般目的」という修飾語が付されているが，この点について概念フレームワークでは注記において前提が示されている。

「概念フレームワーク中では『財務報告書』および『財務報告』という用語は，特に他を指示しない限り，一般目的財務報告書および一般目的財務報告について言及している。」(par.1.2. note.1)

「概念フレームワーク中では『財務諸表』という用語は，一般目的財務諸表について言及している。」(par.3.1. note.7)

これらの記述から本章においては，概念フレームワークおよび概念フレームワーク結論の根拠において特に指示がない限りは，財務報告と一般目的財務報告および財務諸表と一般目的財務諸表を同義として取り使う。

III 概念フレームワークの目的と特性

1 概念フレームワークの目的

　概念フレームワークでは，第1章において以下のように一般目的財務報告の目的を示している。

「一般目的財務報告の目的は，現在の及び潜在的な投資者，融資者及び他の債権者が企業への資源の提供に関する意思決定を行う際に有用な，報告企業についての財務情報を提供することである」(par.1.2)

　概念フレームワークの最初の部分において記述されていることからすれば，ここに示した目的が最終目的であると解される。注目すべきは「有用」なという特性を示す修飾語が付されている「財務情報」の提供を目的としていることである。
　また上述のように本章で検討の対象としているのは財務諸表であるが，第3章において以下のように財務諸表の目的を示している。

「財務諸表の目的は，報告企業への将来純キャッシュ・イン・フローの予測の見積りおよび経営者の企業の経済資源の受託責任の評価を行う際に，財務諸表利用者にとって有用な報告企業の資産，負債，持分，収益および費用に関する財務情報を提供することである（1.3項参照）。」(par.3.2)

　ここでも「有用な」という特性を示す修飾語が付されている「財務情報」の提供を目的としている。このように財務報告および財務諸表ともに有用な財務情報の提供を目的としている。

2 質的特性と具体的要件

 概念フレームワークでは第2章において質的特性を示している。ここでは上記の最終目的を達成するために「有用な財務情報」であるための要件を示していると解される。その主要な部分は以下のとおりである。

「この章で論じる有用な財務情報の質的特性は,現在の及び潜在的な投資者,融資者及び他の債権者が報告企業の財務報告書(財務情報)に基づいて意思決定を行う際に最も有用となる可能性の高い情報の種類を識別するものである。」(par.2.1)

「基本的な質的特性は,『目的適合性』及び『忠実な表現』である。」(par.2.5)

「目的適合性のある財務情報は,利用者が行う意思決定に相違を生じさせることができる。」(par.2.6)

「完璧に忠実な表現であるためには,描写は3つの特性を有する。それは『完全』で,『中立的』で,『誤謬がない』ということである。(中略)審議会の目的は,それらの特性を可能な範囲で最大化することである。」(par.2.13)

「完全な描写は,描写しようとしている現象を利用者が理解するのに必要なすべての情報(すべての必要な記述及び説明を含む)を含んでいる。」(par.2.14)

「中立的な描写は,財務情報の選択又は表示に偏りがない。中立的な描写は,財務情報が利用者に有利又は不利に受け取られる確率を増大させるための,歪曲,ウェイトづけ,強調,軽視,その他の操作が行われていない。」(par.2.15)

「中立性は，慎重性の行使によって支えられる。」(par.2.16)

「忠実な表現とは，すべての点で正確であることを意味するものではない。誤謬がないとは，その現象の記述に誤謬や脱漏がなく，報告された情報を作成するのに用いられたプロセスが当該プロセスにおける誤謬なしに選択され適用されたことを意味する。」(par.2.18)

これらで示された要件は，具備すべき性質で示された特性要件と，事象あるいは条件で示された具体的要件に分類される。対比的に考えれば前者は抽象的であり，後者は具体的であるといる。

3　補強的な特性要件

概念フレームワークでは，第2章において補強的な特性要件と解されるものをあげている。

「比較可能性，検証可能性，適時性および理解可能性は，目的適合性があり表現する意図があるものの忠実な表現を提供する情報の有用性を補強する質的特性である。補強的な質的特性は，2つの方法がともに同等に目的適合性のある情報とその現象の同等に忠実な表現を提供すると考えられる場合に，どちらの方法をある現象の描写に使用すべきかを決定するのに役立つかもしれない。」(par.2.23)

Ⅳ　財務諸表に関する規定内容

概念フレームワークでは，第3章から第8章において財務諸表に関して，前提としての環境，定義および具体的要件を示している。各章のその主な規定内容は以下のとおりである。

・第3章　財務諸表と報告企業

　財務諸表の目的（pars.3.2-3.3），報告期間（pars.3.4-3.7）が示されている。また継続企業の前提（par.3.9），報告企業（pars.3.10-3.18）について示されているが，これらは前提としての環境を示していると解される。

・第4章　財務諸表の構成要素

　資産の定義（pars.4.3-4.25），負債の定義（pars.4.26-4.47），持分の定義（pars.4.63-4.67），収益および費用の定義（pars.4.68-4.72）などを示している。これらは前提としての定義を示していると解される。定義に関する主な部分は以下のとおりである。

「資産とは，企業が過去の事象の結果として支配している現在の経済的資源である。」(par.4.3)

「負債とは，企業が過去の事象の結果として経済的資源を移転する現在の義務である。」(par.4.26)

「持分とは，企業のすべての負債を控除した後の資産に対する残余持分である。」(par.4.63)

「収益とは，持分請求権の保有者からの拠出に関するものを除く，持分の増加を生じる資産の増加又は負債の減少である。」(par.4.68)

「費用とは，持分請求権の保有者への分配を除く，持分の減少を生じる資産の減少又は負債の増加である。」(par.4.69)

・第5章　認識及び認識の中止

　認識過程（pars.5.1-5.5），認識基準（pars.5.6-5.25），認識の中止（pars.5.26

-5.33) について示している。この中で前提としての定義を示すとともに，認識および認識の中止の要件を示していると解される。認識および認識の中止の定義は以下のとおりである。

「認識とは，財政状態計算書及び財務業績の計算書への記載のために，資産，負債，持分，収益または費用といった財務諸表の構成要素の一つの定義を満たす項目を捕捉するプロセスである。」(par.5.1)

「認識の中止とは，過去に認識した資産又は負債の全部又は一部を企業の財政状態計算書から除去することである。」(par.5.26)

・第6章　測　　定

　測定基準としての取得原価（pars.6.4-6.9），現在価値（pars.6.10-6.11）に属する公正価値（pars.6.12-6.16），使用価値および履行価値（pars.6.17-6.20），現在原価（pars.6.21-6.22）を説明している。続いて各測定基準によって提供される情報（pars.6.23-6.42），測定基準を選択する際に考慮する要素（pars.6.43-6.86），持分の測定（pars.6.87-6.90），キャッシュ・フローを基礎とした測定技法（pars.6.91-6.95）について述べている。

　なお測定基準を選択する際に考慮する要素のなかで，第2章で示されている基本的な質的特性である目的適合性（pars.6.49-6.57）および忠実な表現（pars.6.58-6.62）と補強的な特性（pars.6.63-6.76）とに関連付けて触れられている。

・第7章　表示及び開示

　情報伝達ツールとしての表示および開示（pars.7.1-7.3），表示および開示の目的と原則（pars.7.4-7.6），分類（pars.7.7-7.19），集約（pars.7.20-7.22）について述べている。

　なおここでは，以下のように第2章に示されている基本的な質的特性および

補強的な特性と情報伝達との関係が述べられている。

「財務諸表における効果的な情報伝達は，情報をより目的適合的にし，また企業の資産，負債，持分，収益および費用の忠実な表現に貢献する。また財務諸表における情報の理解可能性と比較可能性を促進するものである。」（par.7.2）

・第8章　資本及び資本維持の概念

資本概念（pars.8.1-8.2），資本維持概念と利益の決定（pars.8.3-8.9），資本維持修正（par.8.10）について記述されている。資本と利益について以下のように説明されている。

「貨幣資本概念は，財務諸表の作成に際してほとんどの企業が採用している。投下した貨幣又は投下購買力などの貨幣資本概念の下では，資本（capital）は企業の純資産又は持分と同義である。操業能力などの実体資本概念の下では，資本は，例えば1日当たりの生産量に基づく企業の生産能力とみなされる。」(par.8.1)

「貨幣資本維持の概念の下では，資本が名目貨幣単位で定義される場合には，利益は，当期中の名目貨幣資本の増加を表す。したがって，慣習的に保有利得と呼ばれる当期中に保有した資産の価格の増加額は，概念上利益である。」（par.8.7）

V　結論：概念フレームワークの構造と論理性

1　概念フレームワークの構造

これまでで概念フレームワークに示された目的，要件，環境，定義をあげてきた。ここではこれらの要素の相互関係からフレームワークの構造についての

考察を行う。

　まず一つは第2章で示された諸要件は階層関係があると解される。すなわち最終目標である「有用な財務情報」が具備すべき特性要件として「目的適合性」および「忠実な表現」が示されている（pars.2.1, 2.5）。また「目的適合性」については「意思決定に相違を生じさせる」という具体的要件を示している（par.2.6）。一方で「忠実は表現」については「完全性」,「中立性」および「無誤謬」という特性要件を示している（par.2.13）。さらに中立性については「慎重性」という特性要件を示している（par.2.16）。また「完全性」,「中立性」および「無誤謬」については，それぞれ具体的要件を示しているといえる（pars.2.12-2.19）。ただ補強的要件については，「目的適合性」および「忠実な表現」で同等な場合という特定の場合に適用されるものであり（par.2.23），前述の諸要件とは異なる次元にあるといえる。

　一方，第3章では報告企業，継続企業の前提といった環境が示されている。それに続けて第4章から第8章では財務諸表の構成要素とその定義，認識，測定および表示に関する具体的要件が示されている。

　これらの関係を解釈し簡略化したうえで図示したものが（図2-2）である。特性要件については，フレームワーク内であげられたものを示しているが，環境，定義，具体的要件の個々の内容については省略している。

第2章 概念フレームワークの論理性

図2-2

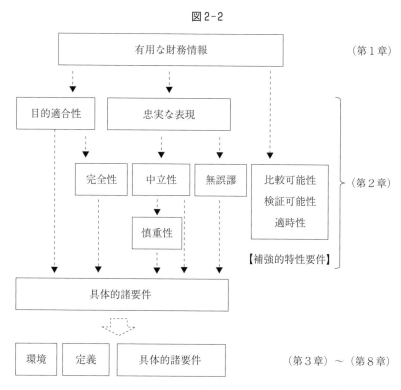

(概念フレームワークをもとに筆者が作成)

2　概念フレームワークの論理性

　ここで問題となるのは、それぞれの要素の相互関係である。仮に「一般目的財務報告の目的は、概念フレームワークの基礎をなすものである。(中略) 概念フレームワークのその他の側面は、その目的から論理的に生じるものである。」(par1.1) のであれば、図のような矢印の方向を示すことになる。しかし「Ⅱ分析の枠組み　1論理と前提」で示したような論理的な関係を見出すことはできない。換言すれば概念フレームワークあるいは概念フレームワーク結論の根拠において、推論規則を用いてこれらの関係を導いているわけではない。

例えば「有用な財務情報」であるために「目的適合性」と「忠実な表現」が必要であることは，実証的に成立することを否定はできないが，推論規則を用いて証明はすることは不可能であると考えられる。少なくとも概念フレームワークおよび概念フレームワーク結論の根拠の中で，推論規則を用いて証明に成功している記述はないと思われる。筆者が見る限り証明に成功している先行研究も存在しない。「忠実な表現」と「完全性」，「中立性」および「無誤謬」との関係も同様である。また第6章，第7章において，各章の規定内容と基本的な質的特性および補強的な特性との関係が述べられているが，この関係も同様である。さらに各章で示されている定義と，基本的な質的特性および補強的な特性との関係についても同様である。

　これらのことから概念フレームワークは，その目的から論理的に導き出された体系ではないといえる。

　それでは概念フレームワークが論理的な体系ではないとすれば，どのような体系であろうか。これについては実証的に得られた前提を示し，あるいは実証的に得られた関係をもとにこれらの要素を組み合わせた前提を示している体系であると解される。ただし個々のIFRSと関連付けて示されておらず，IFRSに共通する前提を示していると解される。一方でその前提の根拠となる資料について，検証が可能な形で概念フレームワークあるいは概念フレームワーク結論の根拠において示されていない。

　すでに筆者が（安井 [2014]. pp 64-65）において，IFRSは論理体系ではなく，フレームワークは前提の一部を示しているのみであるとの見解を示した。これはIFRS体系全体について検討したものである。本章では概念フレームワークそれ自身の構成要素について検討したものであるが，結局のところ概念フレームワーク自身も論理的に導かれた構造を持つものではなく，前提を列挙したものであるといえよう。

【参考文献】

IASB[2015a]．Exposure Draft：Conceptual Framework for Financial Reporting.
───[2015b]．Basis for Conclusions on the Exposure Draft Conceptual Framework for Financial Reporting.
───[2015c]．「公開草案『財務報告に関する概念フレームワーク』」。
───[2015d]．「結論の根拠　公開草案『財務報告に関する概念フレームワーク』」。
───[2018a]．The Conceptual Framework for Financial Reporting.
───[2018b]．Basis for Conclusions on the Conceptual Framework for Financial Reporting.
安井一浩[2014]．「金融負債規定に基づくIFRS体系の考察」『国際会計研究学会年報』2013年度第1号（通号33号）59頁-71頁。
──────[2015]．『国際財務報告基準規定の探究―金融負債をめぐる議論に基づく考察―』中央経済社。

（安井　一浩）

第3章　IASB概念フレームワークの全体像

I　序説：IASB概念フレームワークの歴史的位置づけとその含意

　IASB概念フレームワークは，約30年の歴史を経て，今日の姿を整えるに至ったものである。この節では，約30年間の変遷過程を振り返ることによって，2018年版IASB概念フレームワーク（IASB[2018a]）の特徴を概観し，その歴史的な位置づけと含意を明らかにしていくことにしたい。

　IASBは，その前身のIASCの時代に概念フレームワークの初版（IASC[1989]）を公表した。その後，同審議会はFASBとの共同プロジェクト（2004〜2010年，以下「共同プロジェクト」という）を手掛け，その成果として公開草案『報告企業』（IASB[2010a]）と2010年版概念フレームワーク（IASB[2010b]）を公表した[1]。ところが，FASBとの共同プロジェクトは，当初予定した多くのフェーズを「休止」（paused）したまま，打ち切られた[2]。しかし，概念フレームワークの改訂プロジェクトは依然として重要性が高いという判断から，IASBは2012年に，単独でプロジェクトを「再開」（restart）することを決定した（IASB[2013a]）。2018年版概念フレームワークは，この単独プロジェクトの成果として公表されたものである[3]。以上の変遷過程を，概念フレームワークの構成に焦点を当てて要約すると，表3-1のようになる[4]。

表3-1　IASB概念フレームワークの変遷過程

トピック	1989年初版(注1)	共同プロジェクト(注3)	2012年時点(注4)	2018年版
目的	○	A	2010年版第1章	第1章
基礎となる前提	○	—	—	—(注5)
質的特性	○	A	2010年版第3章	第2章
報告企業	—	D	2010年公開草案	第3章
構成要素	○	B	休止	第4章
認識と認識中止	○(注2)	B	休止	第5章
測定	○	C	休止	第6章
表示と開示	—	E	休止	第7章
資本維持	○	—	—	第8章
目的と位置づけ	—	F	休止	位置づけと目的
非営利組織への適用	—	G	休止	—
残された問題	—	H	休止	—

（注1）　1989年初版は章立てで構成されていないため，本表では収録の有無を「○」(有り)，「—」(無し)で示している。
（注2）　1989年初版には認識中止に関する記述はない。
（注3）　共同プロジェクトは，フェーズ（A～H）で構成されている。
（注4）　2012年時点での共同プロジェクトの進捗状況を示している。2010年版第4章では，「残っている本文」として1989年初版の「基礎となる前提」，「構成要素」，「認識」，「測定」，「資本維持」が収録されている。
（注5）　2018年版の第1章（par.1.17）と第3章（par.3.9）に，該当する記述がある。
（出所）　IASC[1989]；IASB[2012]；IASB[2018a]により作成。

表3-1に見られるように，「報告企業」(financial statements and the reporting entity) と「表示および開示」(presentation and disclosure) の2つ[5]は，1989年初版には見られず，2018年版において新設されたトピックである[6]。

これとは逆に，「基礎となる前提」(underlying assumptions) は，1989年初版

には含まれていたが，2018年版では削除されたトピックである（当該トピックは共同プロジェクトでもフェーズに加えられていなかった）。1989年初版の基礎となる前提では，発生主義と継続企業の2つが示されていた（IASC[1989]pars. 22-23）。これらについては，2018年版の第1章と第3章に，1989年初版の記述をベースにして起草されたと思われる記述が収録されている[7]。したがって，2018年版では，基礎となる前提は独立したトピックとしては位置づけられていないものの，その実質的な内容は関連する諸章において継承されていると見なすことができるであろう。

「資本維持」（concepts of capital and capital maintenance）は，1989年初版には含まれていたが，共同プロジェクトのフェーズからは除外され，2018年版において再導入されたトピックである。この取扱いから，資本維持は，FASBの関心事ではなかったが，IASBにおいては目的や質的特性などと同等の重要性を持つ関心事であったことが推察される。このことは，共同プロジェクトの実施に当たって，FASBに譲歩する形で資本維持をフェーズから除外することにIASBが同意していたことを示唆している。

上記とは逆に，「非営利組織への適用」（application of the framework to not-for-profit entities）[8]と「残された問題」（remaining issues, if any）の2つは，共同プロジェクトのフェーズには含まれていたが，2018年版では削除されたトピックである[9]。これらは，1989年初版にもなかったものである。この取扱いから，上掲の2つ（とりわけ非営利組織への適用）は，IASBの関心事ではなかったが，FASBにおいては目的や質的特性などと同等の重要性を持つ関心事であったことが推察される。このことは，共同プロジェクトの実施に当たって，FASBに譲歩する形で上掲の2つをフェーズに含めることにIASBが同意していたことを示唆している。

以上総じて，2018年版は基本的な構成の点において，1989年初版に回帰したものとなっていること（あるいは少なくともそのように解釈しうるものとなっていること）が理解される。やや先回りしていえば，IASB[2018c]で示された「主な変更点」（とりわけ「明確化された概念」）においても，1989年初版への回帰傾

向が観察される(次節参照)。

　2018年版はそうした回帰傾向をベースにしながら，近年の新しい会計環境をふまえて，2つのトピック(すなわち報告企業と表示および開示)を新設するとともに，記述の全面的な改訂を行っているのである。このことは他面において，会計基準の国際統合が不断に進展しつつあるなかで，皮肉にも，制度設計をめぐるFASBとIASBの観点の相違を顕在化させる結果となっている。この事実は，国際基準(IAS/IFRS)と米国基準(US-GAAP)のコンバージェンスを，かつてのようなナイーブな理想主義に依拠した取組みとして手掛けることがもはや(少なくとも近未来においては)，不可能であることを示唆している。2018年版の歴史的な位置づけとその含意は，以上のような諸点に見いだすことができるであろう。

II　プロジェクト・サマリーにもとづく変更点の概観

1　プロジェクト・サマリーで示された主な変更点

　IASBはプロジェクト・サマリー(IASB[2018c]，以下「プロジェクト・サマリー」という)で，2018年版における「主な変更点」(main changes)を要約している。IASBの自己申告による「主な変更点」であり，2018年版の全体像を概観するうえでは見落とせない文献と考えられるので，前節での検討をふまえつつ，この節ではプロジェクト・サマリーによりながら2018年版における主な変更点を概観することにしたい。ただし，各トピックに関する詳細な紹介と検討は，後続の各章でなされるので，以下では2018年版の全体像を素描するのに必要な限りにおいて，各変更点を取り上げていくことにする。プロジェクト・サマリーで示された主な変更点を整理すると，表3-2のようになる。

表3-2　プロジェクト・サマリーで示された主な変更点

	関連する章	要　　点
新設されたトピック		
測　定	第6章	測定基礎を選択する際に考慮されるべき要因を含む測定の概念
表示および開示	第7章	収益・費用をOCIにいつ分類するかを含む表示および開示の概念
認識中止	第5章	資産・負債を財務諸表からいつ除去するかに関する指針
アップデートされたトピック		
定　義	第4章	資産および負債の定義
認　識	第5章	資産および負債を財務諸表に含めるための規準
明確化された概念		
慎重性	第2章	2010年版で削除。慎重性の理解や使用をめぐる混乱を解消するために当該概念を再導入。
受託責任	第1章	2010年版で削除。概念として再導入。それによる記述の明瞭性の向上は翻訳の困難さを上回るとする見解を提示。
測定の不確実性	第5・6章	見積りが明確かつ正確に記述され説明されるならば，測定の不確実性は情報の有用性を損なうものでないとする見解を提示。
実質優先	第4章	2010年版で削除。概念として復活。実質優先へのコミットメントに変更がないことを明確化。

（出所）　IASB[2018a]；[2018b]；[2018c]により作成。

2　新設されたトピック

　プロジェクト・サマリーでは，新設されたトピックとして，「測定」(measurement)，「表示および開示」(presentation and disclosure)，「認識中止」(derecognition) の3つが示されている。

　測　定　測定基礎として，取得原価と現在価額の2つが示され，さらに現在

価額の構成要素として公正価値,利用価値(資産)および履行価値(負債),現在原価の3つが示されている。1989年初版と異なるのは,同初版では4つの測定基礎(取得原価,現在原価,実現可能(決済)価額,現在価値)がたんに羅列されているにすぎなかったのに対して,2018年版では,各測定基礎によって提供される情報の性質や特徴が詳細に記述され,さらに目的適合性,忠実な表現,補強的な質的特性,コスト制約の観点から,測定基礎の選択に関する指針が示されていることである。1989年初版でも測定は(少なくとも形式上は)独立したトピックとして位置づけられていたが(表3-1参照),以上のような記述の大幅な変更がなされたことから,プロジェクト・サマリーでは当該トピックは「新設」として整理されたものと推察される。

表示および開示 表示および開示が独立したトピックとして概念フレームワークに導入されたのは,2018年版が史上初めてのケースとなる。2018年版では,表示および開示をコミュニケーション・ツールとする観点から,財務諸表要素の「分類」(classification)と「統合」(aggregation)に関する指針が示されている。とりわけ注目されるのは,収益・費用およびその他の包括利益の分類に関する指針である(IASB[2018a]pars.7.15-7.19)。それは,報告企業の業績をどう表示するかに関わる問題を含み,利益概念をどう構成するかという問題に影響を及ぼすことになる(次節参照)。

認識中止 認識中止が独立したトピックとして概念フレームワークに導入されたのも,上掲の表示および開示と同様,2018年版が史上初めてのケースとなる。2018年版によれば,認識中止とは,資産ないし負債の全部または一部を企業の財政状態変動表から除去することであり,(a)資産については企業が当該資産に対する全部または一部の支配を失ったときに,(b)負債については企業が当該負債の全部または一部について義務を負わなくなったときに,認識中止が実施される(IASB[2018a]par.5.26)。認識中止の目的は,認識中止をもたらす取引またはその他の事象が生じた後の資産および負債の状態ならびにそれに関連した当該資産および負債の変動を財務諸表において忠実に表現することである(IASB[2018a]par.5.27)。

3 アップデートされたトピック

プロジェクト・サマリーでは，アップデートされたトピックとして，「定義」(definitions)と「認識」(recognition)の2つが示されている。

定　義　プロジェクト・サマリーで示された定義のアップデートの要点は，資産および負債の定義に係るそれである。資産とは，「過去の事象の結果として企業によって支配された現在の経済的資源」(IASB[2018a]par.4.4)であり，経済的資源とは，「経済的便益を生み出す可能性を持った権利」(IASB[2018a]par.4.5)とされる。2018年版では，資産のかかる定義を構成する(a)権利，(b)経済的便益を生み出す可能性，(c)支配の3つの側面（aspects）について，解説がなされている。他方，負債とは「過去の事象の結果として経済的資源を引き渡す企業の現在の義務」(IASB[2018a]par.4.26)とされ，負債のかかる定義を支える3つの規準（criteria），すなわち，(a)企業が義務を負っていること，(b)当該義務は経済的資源を引き渡す義務であること，(c)当該義務は過去の事象の結果として生じた現在の義務であることについて，解説がなされている。

認　識　プロジェクト・サマリーで示された認識のアップデートの要点は，資産および負債を財務諸表に含めるための規準（認識規準）に係るそれである。1989年初版では，認識規準として，定義，将来の経済的便益の蓋然性，測定の信頼性の3つが提示されていた（IASC[1989]pars.82-83）。これに対し，2018年版では，定義，目的適合性，忠実な表現の3規準にもとづく認識が，コスト制約のもとでなされるとされている（IASB[2018a]pars.5.6-5.8）。このトピックにおいてとくに注目されるのは，忠実な表現の含意を明確化するために導入された測定の不確実性の概念である。後続の「明確化された概念」で言及するように，それは，認識を制約する規準というよりも，むしろ認識の拡張を誘導する規準として機能することが期待されたものとなっている。

4 明確化された概念

プロジェクト・サマリーでは，明確化された概念として，「慎重性」(prudence)，

「受託責任」(stewardship),「測定の不確実性」(measurement uncertainty),「実質優先」(substance over form) の4つが示されている。

慎重性 慎重性は,1989年初版では信頼性を構成する質的特性の1つとして位置づけられていたが (IASB[1989]par.37),2010年版では「中立性と矛盾する」という理由で削除された (IASB[2010b]par.BC 3.27)。しかしかかる変更によって,慎重性という用語がかえって多義的に使用されるようになり,またIFRSに準拠して作成された財務情報は慎重性を欠いているといった誤解が関係者の間に生じたことから,2018年版ではそうした混乱を解消するために慎重性が「再導入」(reintroduce) された (IASB[2018b]par.BC 2.40)。ただし,質的特性としてではなく,中立性を支える概念の1つとして再導入されている点に留意しておく必要があろう (IASB[2018a]par.2.16)。資産および収益の認識においては,負債および費用の認識におけるよりも説得力の高い証拠が要求されるという「非対称な要求」(asymmetric requirements) は,慎重性の適用ではなく,目的適合性と忠実な表現の適用によってもたらされるとされている (IASB[2018a]par.2.17)。

受託責任 1989年初版では,経営者の受託責任の評価に必要な情報の提供が,経済的意思決定に有用な情報の提供と並ぶ財務諸表の独立した目的として掲げられていたが (IASC[1989]par.14),2010年版では,「〔stewardshipという用語の〕他の言語への翻訳に困難がある」という理由で当該記述は削除された (IASB[2010b]par.BC 1.28)。しかし2018年版では一転して,受託責任という用語を使用することによって得られる記述の明瞭性の向上は「2010年に識別された翻訳の困難さを上回る」とされ,受託責任の「再導入」が図られた (IASB[2018b]par.BC 1.41)。ただし,「報告企業の経済的資源および義務の性質と金額に関する情報は〔…〕当該企業の経済的資源に関する経営者の受託責任を評価しようとする利用者にも役立つ」(IASB[2018a]par.1.13,傍点引用者) という整理がなされ,受託責任の評価に役立つ情報の提供は財務報告の独立した目的としては位置づけられていない点に留意しておく必要があろう[10]。

測定の不確実性 2010年版では,忠実な表現に関連して,「見積りの不確実

性が非常に大きい場合には，その見積りは特に有用でないことになる」(IASB[2010b]par.QC 16) という記述が示されていた。この記述によって，「見積りの不確実性」が直ちに情報の有用性を損なう要因になるという短絡的な理解を多くの読者が持つようになったことから，そうした理解の余地をなくすために，測定の不確実性を新しく導入したとされる。測定の不確実性は，忠実な表現のレベル（たとえば検証可能性）には影響するが，目的適合性には影響しない (IASB[2018b]par.BC 2.48(a)(b))。したがって，測定の不確実性が高い情報であっても，当該情報は目的適合的な情報となることがありうる (IASB[2018b]par.BC 2.48(c))。すなわち，これが測定の不確実性の含意であり，2018年版では，その含意をふまえて，測定の不確実性が存在する場合でも，「合理的な見積りの利用は，〔…〕当該見積りが明瞭かつ正確に記述され説明されるならば，情報の有用性を損なうものではない」(IASB[2018a]par.2.19) とされている。

実質優先 実質優先は，1989年初版では上掲の慎重性と同じく信頼性を構成する質的特性の1つとして位置づけられていたが (IASB[1989]par.35)，2010年版では，信頼性に代わって導入された忠実な表現と「重複したもの」という理由で削除された (IASB[2010b]par.BC 3.26)。しかしかかる変更によって，「本審議会が経済的現象の実質を表現することにコミットしなくなった」という誤解が利害関係者の間に生じたことから，2018年版では，「〔そのような〕誤解を回避し，〔実質優先へのコミットメントに変更はないという〕本審議会の意図を明らかにする」ために，実質優先の「復活」(reinstate) が図られた (IASB[2018b]par.BC.2.33)。ただし，質的特性としてではなく，忠実な表現を支える概念の1つとして位置づけられている点に留意しておく必要があろう。また，IASB[2018b](par.BC 2.33) やIASB[2018c](p.4) では，「実質優先」(substance over form) という表現が用いられているが，2018年版本体ではそうした直截的な表現は見当たらず，「経済的現象の実質」(substance of an economic phenomenon) という表現が専ら用いられていること (IASB[2018a]par.2.12)，またその適用を想定した具体的なケースとしては「契約上の権利および義務の実質」のみが掲げられていることにも (IASB[2018a]pars.4.59-62)，注目して

おく必要があろう。

Ⅲ　IASB概念フレームワークの基底にある会計思考

　この節では，IASB概念フレームワークの基底にある会計思考のうち，IASBにおける今後の制度設計のあり方を見通すうえでとくに重要と考えられるものを取り上げ，その特徴について若干の検討を加えていくことにしたい。

1　忠実な表現の新たな展開

　忠実な表現は，2010年版において信頼性に代わる質的特性として導入され，目的適合性と並ぶ基本的な質的特性の1つとして位置づけられたものである。信頼性を削除し，忠実な表現を新たに導入するという予備的見解（IASB[2006]）の提案に対しては，コメントレター発出者の9割以上が反対ないし批判意見を表明したにも拘わらず，IASBは当該提案を撤回しなかったばかりか，当該提案の趣旨をさらに徹底させた公開草案（IASB[2008]）を公表し，2010年版を採択するに至った（藤井[2010]75-76頁）。忠実な表現に対するIASBのコミットメントがいかに強いものであったかを，ここで改めて確認しておきたい。

　2018年版を通読して理解されるのは，忠実な表現が体現する会計思考が，同概念フレームワークにおける主要な指導原理となっていることである[11]。すなわち，2018年版においては，2010年版で導入された忠実な表現が忠実に継承されると同時に，当該特性を各トピックに適用するべく，その含意を具体的に展開する試みが随所でなされているのである。プロジェクト・サマリーで示された主たる変更点の多くはその具体例に他ならず，とりわけ実質優先の復活は，その分かりやすい実例となっている。

2　利益概念の変質

　忠実な表現とは，「有用であるためには，財務諸表は，〔…〕表現しようとしている現象を忠実に表現しなければならない」（IASB[2018a]par.2.12）とする

第3章　IASB概念フレームワークの全体像

ものである。その本質的な含意は,「企業はすべての資産および負債を認識するべきである」(IASB[2013b]par.4.24) という主張に縮約されている。その特徴は, この主張を, たとえば,「資産とは企業の経済的資源の財務的表現である」(FASB[1976]par.91, A-1, 傍点引用者) という主張と比較すると明瞭になろう。上掲のIASBの主張は, 企業が (会計的に) 認識する以前に資産および負債が現実世界に先験的に存在することを前提している。

しかし会計実務に引き寄せて概念の整理を行えば, 経済的資源のうち会計的に認識されたものが資産となるのである[12]。それは, FASB[1976]が的確に指摘するように,「経済的資源の財務的表現」であって,「経済的資源」そのものではない。「経済的資源」と「経済的資源の財務的表現」を区別しない思考には, 会計固有の認識操作の意義を等閑視する指向性が伏在しており[13], そうした指向性に根差した認識は, 経験対象 (経験的に観察できる現実世界の事象) と認識対象 (一定の専門的知識やスキルを要する認識操作の対象となる事象の属性) の混同をもたらす[14]。

そうした混同の最も深刻な影響は, 利益概念において生じる。すなわち, 当該混同のもとでは, 経験対象たる「経済的資源」そのものの純増加が「利益」の発生と直結される。「経済的資源」の純増加が, 認識対象たる企業の「財務的業績」と混同されるのである。

たとえば, 2018年版では, 時価評価損益のその他の包括利益への計上やリサイクリング (再区分) は原則として, 目的適合性および忠実な表現の観点から実施されるとされている (IASB[2018a]para.7.17 and 7.19)。そこには, 財務的業績としての利益概念に照らしてその他の包括利益の認識やリサイクリングを行うという観点はない。IASB概念フレームワークに依拠した基準設定においては, 斎藤[2015]や勝尾[2015]で指摘されたような利益概念の変質[15]が, 今後さらに進む可能性があることを指摘しておく必要があろう。

〔注〕
1) 当該共同プロジェクトに関連して公表された主たるデュープロセス・ドキュメントは，IASB[2006]とIASB[2008]である。
2) 藤井編著[2014]では，当該共同プロジェクトの経緯と成果を網羅的に紹介・検討している。
3) 当該単独プロジェクトに関連して公表された主たるデュープロセス・ドキュメントは，IASB[2013b]，IASB[2015a]，IASB[2015b]である。
4) IASC/IASB概念フレームワークについて，以下では，次のような略称を用いる。1989年初版（1989年版概念フレームワーク），2010年版（2010年版概念フレームワーク），2018年版（2018年版概念フレームワーク）。
5) このうち報告企業はIASB[2010a]で，表示および開示はIASB[2015a]で，それぞれの基本的な内容が提案されており，2018年版においてその正文化が図られたものである。2010年公開草案の構成と内容については，佐久間[2011]で紹介と検討が行われている。
6) 本章では，表記上の過度の煩雑さを避けるために，簡略化したトピック名称を用いている。
7) 発生主義についてはIASB[2018a](par.1.17)に，継続企業についてはIASB[2018a](par.3.9)に，該当する記述が収録されている。
8) 「非営利組織への適用」が独立したフェーズとして位置づけられているのは，FASBが非営利組織の会計基準の設定も手掛けていることによるものと考えられる。
9) 共同プロジェクトでフェーズFとして掲げられた「目的と位置づけ」(purpose and status of the framework)は，2018年版の冒頭で示された「位置づけと目的」(status and purpose of the conceptual framework)に対応していると，本章では解釈している。
10) 受託責任のかかる位置づけは，2010年版（IASB[2010b]par.BC1.28）におけるそれと基本的に同様である。
11) これに対して，もう1つの基本的な質的特性とされている目的適合性に関する記述には，抽象的で一般的なものが多い。
12) 負債についても同様の問題が生じるが，ここでは紙幅の制約上，その検討は割愛している。
13) この点については，藤井[2015]を参照されたい。
14) この点については，斎藤[2013]（178-179頁）での議論が参考になる。
15) AAA[1977](ch.4)の議論に従えば，こうした利益概念の変質は，「パラダイムの転換」として捉えられるべきものかもしれない。

【参考文献】
AAA[1977], Committee on Concepts and Standards for External Financial Reports, *Statement on Accounting Theory and Theory Acceptance*, AAA, 染谷恭次郎訳[1980]『アメリカ会計学会・会計理論及び理論承認』国元書房。

FASB[1976], *An Analysis of Issues Related to Conceptual Framework for Financial Accounting and Reporting : Elements of Financial Statements and Their Measurement*, FASB Discussion Memorandum, 津守常弘監訳[1997]『FASB財務会計の概念フレームワーク』中央経済社．
IASC[1989], *Framework for the Preparation and Presentation of Financial Statements*, 国際会計基準委員会『財務諸表の作成表示に関する枠組み』．
IASB[2006], *Preliminary Views on an Improved Conceptual Framework for Financial Reporting : The Objective of Financial Reporting and Qualitative Characteristics of Decision-Useful Financial Reporting Information*, Discussion Paper.
―――[2008], *Exposure Draft of An Improved Conceptual Framework for Financial Reporting : Chapter 1 : The Objective of Financial Reporting, Chapter 2 : Qualitative Characteristics and Constraints of Decision-Useful Financial Reporting Information.*
―――[2010a], *Conceptual Framework for Financial Reporting : The Reporting Entity*, Exposure Draft, ED/2010/2.
―――[2010b], *The Conceptual Framework for Financial Reporting 2010*, 企業会計基準委員会，財務会計基準機構監訳[2011]『2011 IFRS国際財務報告基準』中央経済社，Part A, A 19-A 52 ; Part B, B 1-B 24．
―――[2012], *Conceptual Framework (Paused)*, Projects, Work Plan for IFRSs, Conceptual Framework, Page Last Updated : 4 October 2012.
―――[2013a], *IASB February 2013*, Projects, Work Plan for IFRSs, Conceptual Framework, IASB Meeting Summaries, Date : 2/18/2013.
―――[2013b], *A Review of the Conceptual Framework for Financial Reporting*, Discussion Paper, DP/2013/1,『財務報告に関する概念フレームワークの見直し』ディスカッション・ペーパー，DP/2013/1．
―――[2015a], *Conceptual Framework for Financial Reporting*, Exposure Draft, ED/2015/3,『財務報告に関する概念フレームワーク』公開草案，ED/2015/3．
―――[2015b], *Conceptual Framework for Financial Reporting, Basis for Conclusions*, Exposure Draft, ED/2015/3,『財務報告に関する概念フレームワーク：結論の根拠』公開草案，ED/2015/3．
―――[2018a], *Conceptual Framework for Financial Reporting*, IFRS Conceptual Framework.
―――[2018b], *Conceptual Framework for Financial Reporting, Basis for Conclusions*, IFRS Conceptual Framework.
―――[2018c], *Conceptual Framework for Financial Reporting, Project Summary*, IFRS Conceptual Framework.
勝尾裕子[2015]「IASB概念フレームワークにおける利益概念」『企業会計』第67巻第9号，51-60頁．
斎藤静樹[2013]『会計基準の研究』増補改訂版，中央経済社．

―――[2015]「なぜ,いま利益の概念が問われるのか」『企業会計』第67巻第9号,16-24頁。

佐久間義浩[2011]「報告エンティティ」日本会計研究学会特別委員会『会計基準の国際統合と財務報告の基礎概念』中間報告,91-100頁。

藤井秀樹[2010]「会計制度形成の現代的特徴と展開方向―改訂概念フレームワーク草案における『忠実な表現』に寄せて―」『経済論叢』第184巻第3号,75-93頁。

―――[2015]「IASB概念フレームワークにおける『認識』論のルーツとゆくえ」『企業会計』第67巻第5号,4-5頁。

藤井秀樹編著[2014]『国際財務報告の基礎概念』中央経済社。

(藤井　秀樹)

第4章 財務報告の目的
― 経済の金融化現象と英米の対立 ―

I 序 説

　国際会計基準委員会（IASC）は，財務諸表の目的をつぎのように述べている。「財務諸表の目的は，広範な利用者が経済的意思決定を行うに当たり，企業の財政状態，経営成績および財政状態の変動に関する有用な情報を提供することにある。」「財務諸表は，経営者の受託責任または経営者に委ねられた資源に対する会計責任の結果も表示する。経営者の受託責任または会計責任を評価したいと望む利用者は，経済的意思決定を行うために，そのような〔経営者の受託責任や経営者に委ねられた資源に対する会計責任の〕評価を行う〔ことができる〕。かかる意思決定には，例えば，利用者が企業に対する投資を保有または売却するかどうか〔という経済的意思決定の問題〕，あるいは経営者を再任または交替させるかどうか〔という経営者の受託責任または経営者に委ねられた資源に対する会計責任の問題〕などが含まれる。」（IASC[1989]pars. 12, 14）

　ここでは，「経済的意思決定を行うために，そのような〔経営者の受託責任や経営者に委ねられた資源に対する会計責任の〕評価を行う〔ことができる〕」という記述になっており，経済的意思決定目的が受託責任（会計責任）目的を包含するという記述は見当たらない。したがって，会計目的が，経済的意思決定目的に一本化されたものとは考えにくく，経済的意思決定目的を主軸にしながらも，受託責任（会計責任）目的も配置している，という程度の理解が妥当であると思われる。そして，IASCの旧概念フレームワーク（1989年）の解説書が，経済的意思決定目的のための「投資意思決定情報の提供」と受託責任（会計責任）目的のための「受託責任遂行状況の報告は別であるというスタンスがとられている」（広瀬・間島編[1999]52頁）と指摘しているのは，まさに，

この事態を示したものであると思われる。

IASCの旧概念フレームワークでは,測定属性に関して,「市場性ある有価証券は市場価値で計上される」としながらも,「財務諸表を作成するに当たって企業が最も一般的に採用している測定属性は,取得原価である」(IASC[1989] par.101)としている。さらに,財務諸表の利用者は,投資者,従業員,貸付者,仕入先とその他の取引業者,得意先,および政府と監督官庁を考えている (IASC[1989]par.9)。そして,「経済の金融化〔現象〕の拡大」は,「1980-1990年代」より急速に加速してくる (Nölke and Perry[2007]p.5)が,IASCの旧概念フレームワーク(1989年)は,このような経済の金融化現象を会計にほとんど取り込まないで,あくまでも製造業を中心とした非金融会社を重視した経済基盤を暗に想定しているものと推測される[1]。

その後,IASB/FASBは,米国のエンロン事件(2001年)等を契機として,2004年から共同で概念フレームワーク—SECは収益費用観を否定している—の作業に着手し,2006年に概念フレームワークの討議資料を,2008年に概念フレームワークの公開草案を,そして,2010にIASB/FASBの新概念フレームワークを公表している。さらに,IASBは,2018年に単独で,最新の概念フレームワークを公表している。

本章の課題は,経済の金融化と英米の法制度の違いに着目しながら,IASB (IASC)の概念フレームワークにおける財務報告目的の変容を考察することである。

II IASB/FASBの新概念フレームワーク(2010年)の特徴と問題点

1 経済の金融化現象とIASB/FASBの新概念フレームワークの作業開始

ここでは,まず経済の金融化現象についてふれておきたい。少し歴史的な観点から言えば,「アメリカの金融セクターの利益の割合は,1950年代初頭から

第4章 財務報告の目的

2000年にかけて〔約〕4倍になった（quadrupled）」し，「フランスの金融セクターの利益率（the profit rate）は，1990年代末までに，〔製造業を中心とした〕非金融セクターの利益率より4回高くなった。」(Nölke and Perry[2007]p.5)つまり，「1980年代以降，金融セクターとその役割は，ますます重要になってきた。この発展はしばしば〔経済の〕金融化（financialization）として言及される」(Dünhaupt[2016]p.2) ようになってきた。ここで，「金融化とは，国内外の経済活動において」，「金融市場，金融アクターおよび金融制度の役割が強まってきていることを意味している。」(Dünhaupt[2016]p.3) つまり，金融化とは，金融市場や金融アクターが強まっている[2] ことを意味している。

「金融化による利益（Profit-financialization）」の獲得方法には，第1に，製造業を中心とした「非金融セクターと比較して，金融セクターの収益性を向上（the growth in profitability）」させることで利益を獲得する方法と，第2に，製造業を中心とした「非金融会社の利益の金融化」，つまり「非金融会社」が，「財やサービスの生産からではなく」，「金融〔商品〕取引からの利益」を獲得する方法がある（Nölke and Perry[2007]p.4)。このように，経済の金融化が拡大される段階になると，製造業を中心とした非金融会社を重視した産業資本主義――物づくり経済であるので，従業員等も重視され，原価・実現主義と親和背が高い――の段階とは異なって，証券・金融市場で利益を獲得する場面が多くなり，「金融資産を測定する適切なモデル」は，「公正価値会計（fair value accounting）」(Nölke and Perry[2007]p.6) ということになる。つまり，「公正価値会計と株主価値概念は，売上高と売上原価の対応」を重視する「伝統的な〔会計〕実務とは対照的に」，「会社の業績測定において〔市場での〕資産価値（asset values in measures of corporate performance）〔の評価差損益〕を直接的に含む」ものであり，それは，「より長期的な経済効率（longer-term economic efficiency）」に対応したものではなく，「投資における短期的な利益（short-term returns on investment）」の創出に貢献するものである（Perry and Nölke[2005]pp.3-4)。

ところで，米国においては，2001年のエンロン事件等を契機として「企業改革法」(Sarbanes-Oxley Act of 2002) が，2002年7月30日に会計基準のあり

49

方を見直すものとして公表され,そこでは,原則主義的会計基準に関する研究を行うことを,SECに指示している(Sarbanes-Oxley Act of 2002[2002]SEC.108(d))。これを受けてSECは,「米国の財務報告制度による原則主義的会計制度の採用に関する研究」(以下,「SEC報告書」と略称)という報告書を議会へ提出した。「SEC報告書」では,「規則主義的〔会計〕基準」や「原則のみの〔会計〕基準」を否定し,「目的志向型アプローチ」=「目的志向型〔会計〕基準」を推奨している。そして,SECは,その具体策として,FASBに対して「新しい〔会計〕基準を開発するとき,改善された〔新〕概念フレームワーク」に基づくべきであるとし,その際に,「収益費用観を用いることは不適切である」と指摘している(SEC[2003]pp.6,7,8,25)。このようなSECの要求を受けて,FASBは,2004年7月に,「原則主義的会計制度の採用に関するSECの研究に対するFASBの回答」(以下,「回答」と略称)を公表し,そこでは,原則主義的会計基準ないしは「目的志向型〔会計〕基準を公表すべき」こと,「概念フレームワークの欠陥」を是正すべき等の回答をSECにしている(FASB[2004]p.1)[3]。

　IASB/FASBは,このような経済の金融化現象を背景にして,米国議会=Sarbanes-Oxley法,「SEC報告書」および「回答」を踏まえて,会計基準のコンバージェンスの一環として,共同で2006年に新概念フレームワークの討議資料を,また2008年に公開草案を公表し,さらに,2010年に新概念フレームワーク(正式名称:「財務報告に関する概念フレームワーク」)を公表している。そこで,つぎに,IASB/FASBの討議資料(2006年)と公開草案(2008年)にふれて,新概念フレームワーク(2010年)を分析してみよう。

2　討議資料(2006年)と公開草案(2008年)の分析

　まず,討議資料(2006年)では,財務報告の目的をつぎのように述べている。
　「一般目的外部財務報告の目的は,現在および潜在的な投資者,融資者およびその他の債権者が,投資,貸付および同様の資源配分の決定する際に有用な情報を提供することである。」(IASB[2006]par.OB 2)「OB第2項で示された財

第4章　財務報告の目的

務報告の目的は，経営者の受託責任を評価する際の有用な情報を提供することを包含する（encompasses）。」(IASB[2006]par.OB 28) ここでは，意思決定・有用性目的のみを重視して，受託責任目的はこの意思決定・有用性目的の中に包含されている。つまり，受託責任目的は，別個の独立した会計目的と考えられていない。

　このようなIASB/FASB全体の見解（多数決による決定）に対して，IASBの2人のメンバーが，匿名—Tweedie議長とWhittington（英国）—4)で，意思決定・有用性目的を認めながらも，「受託責任〔目的〕」を，「財務報告の個別目的」(IASB[2006]AV 1.1)とすべきであるという代替案を提示しつぎのように反論している。

　「受託責任〔目的〕は，取締役，取締役会および資本主や所有者に対する企業実体の会計責任に関係する。」「これ〔受託責任制度〕は，多くの法域〔国〕における財務報告プロセスの核心（heart）である」し，「財務諸表は，年次株主総会で株主へ提示される」が，その総会では，「財務諸表の承認，取締役の選出および配当〔金額〕の承認」等が審議される。「これらの決定は，（ここでは，明らかに，資源配分を最も熟慮している）〔企業〕実体の経営者（stewards）の能力（competence）のみらず，彼ら〔経営者〕の誠実さ（integrity）に関係する。」「経済的な便益の将来の流入〔金額〕を予測するための適切な〔会計〕情報は，この受託責任プロセス（stewardship process）にとっても適切である」が，しかしそれだけでは，「受託責任目的のための完全な一連の情報（a complete set of information for stewardship purposes）」を提供したことにならない。「それゆえ，投資家にとっての受託責任〔目的〕と意思決定・有用性〔目的〕は，必ずしも対立するとは限らない並列した〔会計〕目的である（Thus, stewardship and decision-usefulness for investors are parallel objectives which do not necessarily conflict）。」したがって，受託責任目的と意思決定・有用性目的は，「強調点が異なっている（have different emphases）」し，「それら〔受託責任目的と意思決定・有用性目的〕は，〔独立した〕別個の〔会計〕目的として定義されるべきである。」「2人のIASBのメンバー〔TweedieとWhittington〕は，かかる情報

51

〔経営者の受託責任を評価するのに有用な情報〕」が意思決定・有用性目的の副産物（a by-product of the decision-usefulness objective)」である情報ならば，それは，「受託責任〔目的〕を達成するのに不適切」であると信じている（IASB [2006] pars. AV 1.3, AV 1.4, AV 1.7, cf. Zeff [2013] p. 307)[5]。

このようなTweedie（IASBの議長）とWhittingtonの反対意見に対して，長い間，FASBの上席技術アドザイザーを務めてきたTodd Johnson—2009年1月の退職まで，概念フレームワークの草案の作成に関与してきた—は，「FASBにおいて，われわれは，受託責任／会計責任の提案者（proponents）〔の見解〕を疑問に思ってきた」し，受託責任の「提案者は，いくつかの特殊な事例」しか引用していないし，その事例も「受託責任を〔会計〕目的の明白の一部分とせしめることの必要性について」述べているが，本当に疑わしく思うとしている（Zeff [2013] pp. 307-308）。

ここでは，米国人であるJohnsonの見解と，英国人であるTweedieやWhittingtonの見解の対立と考えることができるが，これをもっと広く捉えると，「アングロ・サクソン・アプローチ」と「コンチネンタル・ヨーロピアン・ポジション」の違いとして捉えることができる。その違いの「中心的な問題が受託責任の問題である。」(Whittington [2008] p. 498)

英国は，しばしば，「アングロ・サクソン・システムの一部」としてヨーロッパに存在するとみなされてきたが，ヨーロッパにはない「より強い資本市場〔を保持している〕伝統と，〔米国にはない〕受託責任概念におけるより大きな株主指向」という両側面を保持している。つまり，「英国は米国と重要な点〔受託責任概念を重視するか否かという点〕で異なっている。」この現れは，「取締役と株主の対話（dialogue）を強化する」ために，「取締役会の行為や会計責任を規制ないしは改善しようとするコーポレート・ガバナンス・コード」の公表である。このコードは，「財務報告評議会（Financial Reporting Council；以下，FRCと略称）」が管轄しており，FRCは，英国の会計基準審議会（以下，UKASBと略称）の親組織である。また，UKASBは，2006年の「IASBフレームワークの中で，受託責任概念を個別の〔会計〕目的として」示してないこと

第4章　財務報告の目的

に対するPAAinE（Pro-Active Accounting Activities in Europe）[6]批判の中心的な位置にある。「現在株主に対する英国の受託責任指向（the UK's orientation to stewardship）は，その〔英国の〕財務会計が会社法〔の規定〕に従ってきたという事実から生じている。」[7]「他方，資本市場のための意思決定・有用性のある財務情報の提供に向かう米国指向は，財務報告の権威は証券法に基づいた，証券取引委員会にかかっているという事実により影響されうる。」（Whittington [2008]p.500）

このように，個別企業のコーポレート・ガバナンスを強化するために，「現在株主に対する受託責任の必要性」を強調する会社法型の英国と，「財務報告に関して〔資本〕市場指向」（Whittington[2008]p.500）を強調する証券取引法型の米国が対峙しているのである。したがって，このような法制度上の対立構図が，意思決定・有用性のみならず受託責任目的も重視するTweedieやWhittington（英国）と，意思決定・有用性のみを重視するJohnson（米国）の対立の引き金になっていると考えることができる。このような英米の対立を示したものが図表4-1と図表4-2である。図表4-1と図表4-2から明らかなように，米国は，証券規制とGAAPが一体となって，適切な資本「市場価格〔を維持する〕目的（market pricing purposes）のための財務諸表」（Bush[2005]p.20）を強調―意思決定・有用性目的のみ強調―しているのに対し，英国は，コーポレート・ガバナンス強化のための会計基準を指向し，「受託責任目的のための財務諸表」（Bush[2005]p.20）を強調―意思決定・有用性目的とともに受託責任目的も強調―しているのである。このように，討議資料（2006）の形成過程では，その水面下において，英国の会社法型モデル―受託責任重視―と，米国の証券取引法型モデル―意思決定・有用性重視―が対峙していたが，結局，多数派である米国人（あるいはFASB）が，少数派である英国人―TweedieとWhittington―の見解を押し切った結果となっているようである。

図4-1　米国の証券規制モデルにおけるGAAPの役割

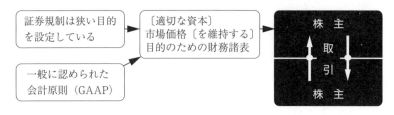

（出所）　Bush[2005]p.20.

図4-2　英国の会社法モデルにおける会計基準の役割

（出所）　Bush[2005]p.21.

2008年の公開草案では，受託責任という用語は復活し，「受託責任の議論は拡張されたが，受託責任〔目的〕は，財務報告の個別目的ではないという討議資料の基本的な位置付けは変わっていない。」（Whittington[2008]p.498）

3　IASB/FASBの新概念フレームワーク（2010年）の特徴と問題点

IASB/FASBの新概念フレームワーク（2010年）では，IASCの旧概念フレームワーク（1989年）が広範な利用者－IASCは，「主要な利用者のグループを明示的に識別していなかった」[8]－を報告対象にしていたのに対し，有用な財務情報を提供する主要な利用者に絞り込んで，つぎのように述べている。

(1)「一般目的財務報告の目的は，現在の投資家，潜在的な投資者，与信者およびその他の債権者が，企業への資源の提供に関する意思決定を行う際に有用

な・・・財務情報を提供することである。」(IASB[2010a]OB 2) そのためには，(2)「現在の投資家，将来の投資家，与信者およびその他の債権者は，企業の将来の正味キャッシュ・インフローの予測を評価することを助ける情報を必要とする。」(IASB[2010a]par.OB 3)「将来の正味キャッシュ・インフローに関する企業の予測を評価するため，現在の投資家，将来の投資家，与信者およびその他の債権者は，〔(3)〕企業の資源，企業に対する請求権，〔(4)〕および企業の経営者や統治機関が企業の資源を利用する彼らの責任 (their responsibilities) をいかに効率的かつ効果的に果たしたかについての情報を必要としている。」(IASB[2010a]par.OB 4)

ここでは，まず，(1)で意思決定・有用性目的を規定し，ついで(2)で(1)を達成するためにキャッシュ・フローの予測に関する情報を規定し，(2)を達成するためには，(3)と(4)の情報が必要であるとしている。ここでの(4)は，「受託責任」という用語を使用せず，経営者等の責任という表現になっている[9]。つまり，IASB/FASBの新概念フレームワーク (2010年) は，討議資料 (2006年) と同様，会計目的を意思・有用性目的に一本化—受託責任目的は意思決定・有用性目的の中に包含されている—しているのである (椛田[2014]を参照)。また，財務報告の利用者も相当に限定している。それでは，IASB/FASBの新概念フレームワーク (2010年) は，どのような経済基盤と合致するのであろうか。

すでに述べたように，1950-1960年代の製造業を中心とした非金融会社を重視した産業資本主義の段階から，1980-1990年にはじまり，特に2000年以降に，経済の金融化が急速に拡大してくる。この金融化による利益獲得は，モノづくり経済と異なって，市場を重視した価格変動に焦点をあてることが特徴である。さらに，この公正価値重視の姿勢を助長したのが，エンロン事件以降の米国の議会，企業改革法，SECの規定およびFASBの対応である。これによりSECは，収益費用観を排除し，公正価値重視の視点を踏まえて，規則主義的会計基準の設定から，原則主義的会計基準の設定—公正価値重視の姿勢—へ転換しようとした。その延長線上にあるのが，受託責任目的を排除—公正価値重視につながる—し，あたかも金融・証券規制に対応したかのように，利用者

を限定したIASB/FASBの新概念フレームワーク（2010年）である。そして，この段階では，エンロン事件等を契機として，経済の金融化現象を会計に取り込んで，金融会社を重視した経済基盤を想定しているものと推測される。つまり，受託責任目的を排除し，利用者を投資者や与信者等に限定したことは，公正価値会計と親和性が高いが，これは経済基盤としての金融化の拡大を反映したものと考えることができよう。しかし，会計目的を意思決定・有用性目的に一本化し，受託責任という用語を削除したことは問題であろう。

Ⅲ　IASBの最新概念フレームワーク（2018年）の到達点

　IASBの最新概念フレームワーク（2018年）は，財務報告の目的をつぎのように述べている。

　「一般目的財務報告の目的は，現在の投資家，潜在的な投資者，与信者およびその他の債権者が，企業への資源の提供に関する意思決定を行う際に有用な，報告企業についての財務情報を提供することである。」(IASB[2018a]par.1.2) つまり，「ある〔会計〕期間における財務業績についての情報」(IASB[2018a]par.1.8)，あるいは「報告企業の経済的資源や請求権の性質や金額についての情報」(IASB[2018a]par.1.13) は，「正味キャッシュ・インフローを生むための企業の過去と将来の能力を評価する際に役立つ」(IASB[2018a]par.1.18) し，またこの情報は，「企業の経済的資源に関する経営者の受託責任を評価する利用者」(IASB[2018a]par.1.18) を支援することができる。このように，IASBの最新概念フレームワーク（2018年）における会計目的は，IASB/FASBの新概念フレームワーク（2010年）と異なって，受託責任という用語が復活している。これに関して，IASBは，結論の背景という箇所でつぎのように説明している。

　最新概念フレームワーク（2018年）は，「受託責任という用語を復活させた（reintroduce）。」しかし，IASBは，「経営者の受託責任」を，「財務報告の〔別の〕目的の一部として，あるいは，追加的で，対等で顕著な〔会計〕目的とし

て（as part of the objective of financial reporting or as an additional and equally prominent objective）」位置づけていない。その理由は，「経営者の受託責任を評価すること自体が目的ではなく」，また「財務報告の追加的な目的を導入する」と「混乱する」と考えられるからである（IASB[2018b]pars.BC.1.33, 1.35）

　ここでは，確かに，受託責任という用語は復活したが，それを意思決定・有用性目的に付随するものとして捉えられている。つまり，意思決定のための有用な会計情報は，受託責任を評価するためにも役立つという考え方のようである。いずれにしても，受託責任という用語は復活したが，IASCの旧概念フレームワーク（1989年）と比較して後退していると思われる。それと，財務報告の利用者であるが，最新概念フレームワーク（2018年）では議論はしているが，主要な利用者に限定していることには変化はない（cf.IASB[2018b]pars. BC.1.14-1.26）その理由の一つとして，IASB/FASBの組織としての「責任」は，「資本市場の参加者のニーズ（the needs of participations in capital market）に焦点を合わせる」ことであり，ここでの参加者（利用者）には，「現在の投資家のみならず，潜在的な投資家，現在および潜在的な与信者とその他の債権者が含まれる」（IASB[2018b]par.BC.1.16(b)）ということを掲げている。さらに，最新概念フレームワーク（2018年）では，財務報告目的と金融安定化の関係についてつぎのように述べている。

　「若干の利害関係者は，資本市場における金融安定化を維持すること（国家や地域の経済や金融システムの安定化）を，財務報告目的とすべきである」と述べている。このような「金融安定化目的を支持する者」は，IASBは，「投資家，与信者およびその他の債権者の情報ニーズより」，「世界経済と金融システムの安定化のための新しい諸基準」を考えるべきであると勧告している。「他の利害関係者は，金融安定化を維持する目的を設けることに反対した。」IASBは，「財務報告目的を，金融安定化を含むように拡張することは，審議会〔IASB〕が解決のための十分な準備の整わない目的間の利害対立を引き起こす」と考えている。しかし，「投資家，与信者およびその他の債権者の利害と，〔金融〕規制機関のそれ〔利害〕はしばしば重複している」ので，「財務諸表は，経済的

な現実を〔適切に〕表現することにより，より有益な意思決定を導く」ことができ，したがって，「もしそれ〔金融安定化〕が主目的でなくても」，「金融安定化を促進することに貢献する（contribute to promoting financial stability）」としている（（IASB[2018b]pars.BC.1.23-1.26）。

ここで，IASBは，財務報告目的の中に金融安定化目的を入れることは，目的間の利害対立を生むので，適切ではないとしながらも，投資家等の利害と金融規制機関の利害は，しばしば重複するので，経済的な現実を適切に表現している財務諸表は，意思決定・有用性目的はもちろん，金融安定化を促進することにも貢献すると述べている。これに関して，IASBの日本代表の理事である鶯地は，つぎのように述べている。

「国際的に認められた単一の国際会計基準」の下での「財務報告の透明性と誠実性への〔株主の〕信頼は〔，証券規制の一環としての〕資本市場の有効な機能や効率的な資金配分」を実現し，さらには，各国の金融規制機関が目標に掲げている「国際金融の安定を維持する上でも極めて重要である」（鶯地[2014]「日本経済新聞」5月12日（月））と述べている。ここでは，IASBのIFRSに基づいた透明で誠実な財務報告を資本市場へ発信すれば，資本市場は有効に機能し様々な資源配分も適切に行われ，それに連動して金融機関も正常な状態を維持でき，その結果として国際金融の安定化に貢献できるとしている。これはまさに，IASBがすでに述べた「投資家，与信者およびその他の債権者の利害と，〔金融〕規制機関のそれ〔利害〕はしばしば重複している」という事態を示しているものと理解できる。

Ⅳ 結 論

すでに考察したように，IASCの旧概念フレームワーク（1989年）の段階では，経済的意思決定を主軸としながらも，歴史的原価と親和性が高い受託責任目的（あるいは会計責任目的）—経済的意思決定目的に一本化されていない—と，財務諸表の利用者を従業員や得意先等も含めた広範な利用者—従業員等も包含

第4章　財務報告の目的

一を想定し，市場性ある有価証券の市場価値や公正価値にも配慮しているが，やはり取得原価を一般的な測定属性とした内容になっている。これは，歴史的原価会計と広範な利用者が「製造〔業〕のパースペクティブ（the perspective of production）」（Nölke and Perry[2007]p.8）と親和性が高いということを考えれば，IASCの旧概念フレームワーク（1989年）は，製造業を中心とした非金融会社を重視した経済基盤と合致した内容になっていると推測することができる。

　また，IASB/FASBの新概念フレームワーク（2010年）の段階では，受託責任という用語を削除し，財務報告目的を意思決定・有用性目的に一本化し，財務報告の利用者を投資者や与信者等に絞り込んだ内容になっている。これは，「公正価値〔会計〕」が「金融のパースペクティブ（the perspective of finance）」（Nölke and Perry[2007]p.8）と親和性が高いということを考えれば，IASB/FASBの新概念フレームワーク（2010年）は，経済の金融化の拡大を重視した経済基盤と合致した内容になっていると推測することができる。さらに，IASBの最新概念フレームワーク（2018年）では，受託責任という用語は復活したが，それは，意思決定・有用性目的に付随するものとして位置付けられている。ここでの受託責任が復活した理由としては，証券法を重視する―資本市場の価格変動を把握するための意思決定・有用性目的のみを重視する―FASBが関与していなかったこと，UKASBが中心となったPAAinEのIASB批判，および受託責任を重視する英国の会社法の影響があったという推測も可能であろう。

　ところで，IASBの最新概念フレームワーク（2018年）では，金融安定化目的を会計規制に取り込まないとしているが，経済的な現実を表現する財務諸表は，意思決定・有用性目的のためばかりではなく，金融安定化の促進に貢献するとしている。これは，IASBの目標が，これまで主として世界の証券規制の一環として機能してきたが，2007年から2008年にかけての金融危機を契機として，金融規制の一環としての会計規制の道を開く方向へシフトしていることを暗示している。

　このように，IASC（1989年），IASB/FASB（2010年）およびIASB（2018

年)の概念フレームワークにおける財務報告の目的は,「産業資本主義から〔急速に拡大する〕金融資本主義への〔重点〕シフト (the shift from industrial to finance capitalism)」(Perry and Nölke[2006]p.561) ないしは,経済の金融化の拡大に対応して,1989年の経済的意思決定目的と受託責任目的(会計責任目的)の併存の段階から,2010年の意思決定・有用性目的のみを重視し受託責任という用語は削除される段階へ,さらには,2018年の受託責任という用語は復活するが,それが意思決定・有用性目的に包含される—受託責任を意思決定・有用性目的に付随するものとして捉えている—段階へ変容してきた[10]。

しかし,これらの変容とは別の次元で,英国の会社法と米国の証券法の対立の問題が浮上してきている(TweedieとWhittington(英国)の代替案)。すなわち,ここでの財務報告目的の変容過程の背景には,非金融(製造業中心)と経済の金融化の対立と,英国(あるいはヨーロッパ)の会社法(商法)と米国の証券法の対立という二重の対立構図が複雑に絡み合って進行しているものと考えることができる。しかし,いずれにしても,IASBの最新概念フレームワーク(2018年)の段階においても,受託責任という用語は復活したが,それは,意思決定・有用性目的の中に包含されており問題の残るところである。

〔注〕
1) これに関する詳細は,椛田[2017]を参照。
2) これに関して,世界の四大会計士事務所と金融アクターが,IASB等に圧力をかけてる現状を分析した椛田[2016]を参照。
3) 当時のIASBの議長であったTweedie—原則的会計基準を支持した—の米国議会での証言に関しては,椛田[2013]106-107頁を参照。
4) ここで,Zeffは,匿名で代替案を提示した人物を調査して,英国人であるTweedieとWhittingtonであったことを明らかにしている (Zeff[2013]p.307)。
5) また,TweedieやWhittington以外に,意思決定・有用性目的に一本化したIASB/FASBの討議資料(2006年)を批判したものとして,O'Connell[2007],EFRAG[2007]およびUKASBのメンバーのLennard[2007]を参照。
6) PAAinEとは,ヨーロッパでイニシアティブをとる会計活動を意味している。
7) これに関して,Littletonは,受託責任概念は,まず,英国の古い荘園時代に萌芽し,その後,それは,英国会社法へ継承されていったとしている。詳しくは,椛田[2018]47-51頁を参照。

8) IASB[2010a]BC.1.11.また，財務情報の主要な利用者のグループを定義しないと，「新概念フレーム」が「過度に抽象的又は曖昧になる恐れがあると結論を下した」（IASB[2010a]BC.1.14）としている。
9) ここで，IASB/FASBの新概念フレームワーク（2010年）が，受託責任目的を削除した背景については，椛田[2014]を参照。また，これに関して，安藤[2012]も参照。
10) ここでの会計目的の変容に関する詳細は，椛田[2019]を参照。

【参考文献】

Bush, Tim[2005] *'Divided by Common Language'*：*Where Economics Meets the Law‐US versus non‐US Financial Reporting Models*, Institute of Chartered Accountants in England and Wales.

Crotty, James[2002] *The Effects of Increased Product Market Competition and Changes in Financial Markets on the Performance of Nonfinancial Corporations in the Neoliberal Era*, Political Economy Research Institute at the Department of Economics of the University of Massachusetts, Working Paper Series, Number 44.

European Financial Reporting Advisory Group (EFRAG) [2007] *Stewardship/ Accountbility as an Objective of Financial Reporting：A comment on the IASB/ FASB Conceptual Framework Project*.

FASB[2004] *FASB Response to SEC Study on the Adoption of a Principles‐Based Accounting System*.

IASC[1989] *Framework for the Preparation and Presetation of Financial Statements*.

IASB[2006] Discussion Paper, *Preliminary Views on an improved Conceptual Framework for Financial Reporting：The Objective of Financial Reporting and Qualitative Characteristics of Decision-useful Financial Reporting Information*.

IASB[2010] *Conceptual Framework for Financial Reporting*.

IASB[2018a] *Conceptual Framework for Financial Reporting*.

IASB[2018b] *Conceptual Framework for Financial Reporting：Basis for Conclusions*.

Lennard, Andrew[2007] "Stewardship and the Objective of Financial Statements：A Comment on IASB's Preliminary View on an Improved Conceptual Framework for Financial Reporting and Qualitative Characteristics of Decision‐Useful Financial Reporting Information, *Accounting in Europe*, Vol.4, No.1, pp.51‐66.

Nölke, Andreas and James Perry[2007] "The Power of Transnational Private Governance：Financialization and the IASB", *Business and Politics*, Volume 9, Issue 3, pp.1‐20.

O'Connell, V.[2007] "Reflections on Stewardship Reporting", *Accounting Horizon* Vol.21, No.2 (June), pp.215‐227.

Perry, James and Andreas Nöelke[2005] "International Accounting Standard Setting：

A Network Approach", *Business and Politics*, Vol. 7, No. 3, Article 5, pp. 1-32.

Perry, James and Andreas Nölke [2006] "The Political Economy of International Accounting Standards", *Review of International Political Economy*, Vol. 13, No. 4, pp. 559-586.

Securities and Exchange Commission [2003] *Study pursuant to section 108(d) of the Sarbanes-Oxley Act of 2002 on the adoption by the United States financial reporting system of a principles-based accounting system*.

The Senate of the United States [2002] Public Law 107-204, *An act to protect investors by improving the accuracy and reliability of corporate disclosures made pursuant to the securities law, and for other purposes* (This Act may be cited as the "Sarbanes-Oxley Act of 2002").

Whittington, Geoffrey [2008] "Harmonisation or Discord? The Critical Role of the IASB Conceptual Framework Reiew", *Journal of Accounting and Public Policy*, Vol. 27, No. 6, pp. 495-502.

Zeff [2013] "The Objectives of Financial Reporting: A Historical Survey and Analysis", *Accounting and Business Research*, Vol. 43, No. 4, pp. 262-327.

安藤英義[2012]「財務会計と財務報告の間」『企業会計』Vol. 64 No. 4, 17-24頁。

椛田龍三[2013]「会計グローバル化と原則主義的アプローチの胎動」『経理研究』第56号, 94-110頁。

椛田龍三[2014]「IASB概念フレームワークにおける姿勢の変化―会計目的論を中心にして―」『会計・監査ジャーナル』No. 708, 111-121頁。

椛田龍三[2016]「会計における資産負債観について―金融セクターの動向に関連させて―」『専修商学論集』第103号, 49-69頁。

椛田龍三[2017]「会計における概念フレームワークの変容と二つの資産負債観―グローバルな組織と経済の金融化に関係づけて―」『ディスクロージャーニュース』Vol. 35, 71-78頁。

椛田龍三[2018]「英米における受託責任(会計責任)概念の歴史と諸相」, 安藤英義編著[2018]『会計における責任概念の歴史―受託責任ないし会計責任―』中央経済社, 36-54頁。

椛田龍三[2019]「受託責任概念と会計責任概念の後退」『企業会計』Vol. 71, No. 1, 76-81頁。

白鳥栄一[1998]『国際会計基準―なぜ, 日本の企業会計はダメなのか』日経BP社。

広瀬義州・間島進吾編[1999]『コメンタール 国際会計基準Ⅰ』税務経理協会。

(椛田　龍三)

第5章　有用な財務情報の質的特性

I　序　説

　2018年3月に国際会計基準審議会（IASB）は，新しい全面的な改訂版概念フレームワーク「財務報告に関する概念フレームワーク」（IASB[2018a]）を公表した。この概念フレームワークにおいては，有用な財務情報の「質的特性」（qualitative characteristics：QC）の内容について，基本的に2010年概念フレームワークにおけるものを継続しているけれども，一部について変更がなされている。

　このような状況の下において，本章では，文献研究に基づいて有用な財務情報の質的特性に関して，最新の概念フレームワーク上IASBは，どのような財務情報の質的特性を考えているのか，その特徴点と問題点を明確にすることを目的としている。

　この目的を達成するために，ここでの構成としては，第Ⅱ節では，IASB概念フレームワークにおける有用な財務情報の質的特性の内容について明確にすると共に，本概念フレームワークにおいて新たに具体的に現われた有用な財務情報の「質的特性の実質化」の内容を明確にしている。そして，これまでの検討結果を踏まえて，第Ⅲ節では，IASB概念フレームワークにおける有用な財務情報の質的特性に関して，どのような特徴点と問題点を有しているのか明確にしている。なお，本章のユニークさは，有用な財務情報の質的特性に関して，IASBの最新の改訂版概念フレームワークの到達点と問題点を理論的に検討している点である。なお，2018年概念フレームワークからの引用は，パラグラフのみを示すものとする。

II 有用な財務情報の質的特性の検討

1 有用な財務情報の質的特性の開発の概要

IASBの概念フレームワーク上の「財務報告情報の質的特性」についての規定は，表5-1のように，当初1989年の概念フレームワークにおいてなされていた。しかし，この概念フレームワークが時代遅れになっている等の理由で，国際会計基準委員会（IASC）から改組されたIASBは，2004年から米国財務会計基準審議会（FASB）との共同で，会計基準の国際的な統合化を促進し，将来の会計基準開発の基礎となる改善された概念フレームワークを開発するために，改訂プロジェクトを開始し，その成果として2006年7月に討議資料「改善された財務報告に関する概念フレームワークについての予備的見解　財務報告の目的及び意思決定に有用な財務報告情報の質的特性」（IASB[2006]）を，2008年5月に公開草案「改善された財務報告の概念フレームワーク：第1章，第2章　財務報告の目的及び意思決定に有用な財務報告情報の質的特性」（IASB[2008]）を，さらに，2010年9月に改訂版「財務報告に関する概念フレームワーク　2010」（IASB[2010]）をそれぞれ公表した。

表5-1　財務情報の質的特性に関する概念フレームワーク

年	月	公　　表　　物
1989	7	IASC：「財務諸表の作成及び表示に関するフレームワーク」の公表
2006	7	IASB・FASB：討議資料「改善された財務報告に関する概念フレームワークについての予備的見解　財務報告の目的及び意思決定に有用な財務報告情報の質的特性」の公表
2008	5	IASB・FASB：公開草案「改善された財務報告の概念フレームワーク：第1章　財務報告の目的　第2章　意思決定に有用な財務報告情報の質的特性」の公表
2010	9	IASB・FASB：「財務報告に関する概念フレームワーク2010」の公表
2015	5	IASB：公開草案「財務報告に関する概念フレームワーク」の公表
2018	3	IASB：「財務報告に関する概念フレームワーク」の公表

（注）　IASC：国際会計基準委員会，IASB：国際会計基準審議会，FASB：財務会計基準審議会。

第5章 有用な財務情報の質的特性

　なお，この改訂版概念フレームワークは，このプロジェクトが全部を一括して改訂する「一括アプローチ」ではなく，全体を各フェーズに分割し，フェーズごとに改訂していくという「段階的アプローチ」を採用したために，この時点では，基本的に「財務報告の目的」と「財務情報の質的特性」という二つの部分のみが改訂された。その後，IASBとFASBの両者は他の主要プロジェクトを優先させるために，本プロジェクトを休止した。

　そして，2011年のアジェンダ協議において，概念フレームワークの改訂をさらに進めるべきであるという多数の意見を反映して，残りの部分についての改訂を進めるために，IASBは，2012年から改訂プロジェクトを再開すると同時に，改訂アプローチ等を「単独プロジェクト」に基づく「一括アプローチ」へと変更した。そして，その成果として，2013年7月に討議資料「『財務報告に関する概念フレームワーク』の見直し」(IASB[2013])を，2015年5月に公開草案「財務報告に関する概念フレームワーク」(IASB[2015])を，さらに，2018年3月に改訂版「財務報告に関する概念フレームワーク」(IASB[2018a])をそれぞれ公表した。

2　有用な財務情報の質的特性の概要

　IASBの概念フレームワーク上，第2章「有用な財務情報の質的特性」は，有用な財務情報が有しなければならない質的特性や有することが望ましい質的特性を示すものである。そして，これに関する主な内容として，IASBの概念フレームワークでは，財務情報を有用とするために，「基本的質的特性」(fundamental QC)として目的適合性と忠実な表現を挙げ，また，「補強的質的特性」(enhancing QC)として比較可能性，検証可能性，適時性と理解可能性を挙げている。そして，これに対する制約として，コスト制約を規定している。この場合，基本的質的特性の一つとして，従来1989年で採用されていた客観性や検証可能性を重視した「信頼性」から2010年概念フレームワークにおいては見積りや評価等を重視した「忠実な表現」へと変更を行った。そして，2018年概念フレームワークにおいても，この考え方を維持している。

しかも，図5-1のように，この場合の質的特性は，後で詳しく検討するように，概念フレームワーク上単なる財務情報の質的特性に留まらず，認識規準や測定基礎の選択などの際に判断の基礎となるという実質を伴ったものに変容している（「質的特性の実質化」）。

図5-1　IASB概念フレームワーク上の質的特性の実質化

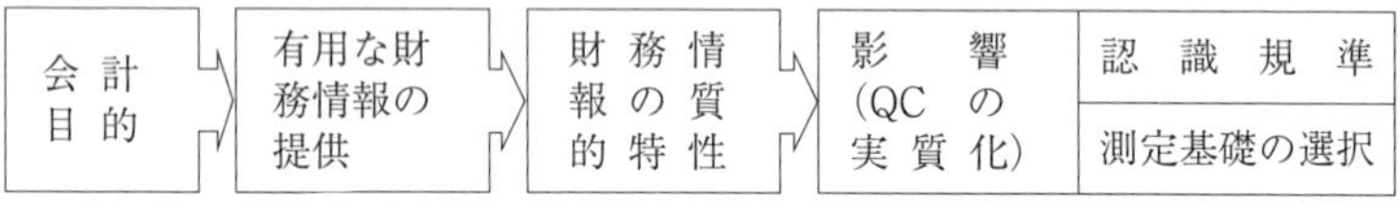

会計目的 → 有用な財務情報の提供 → 財務情報の質的特性 → 影響（QCの実質化）→ 認識規準／測定基礎の選択

（注）　QC：質的特性。
（出所）　岩崎［2019］58頁（一部修正）。

　ここで「有用な財務情報の質的特性」は，現在及び潜在的な投資者，融資者及び他の債権者が報告企業の財務報告書に基づいて意思決定を行う際に，最も有用となる可能性の高い情報を識別するものである。財務報告書は，報告企業の経済的資源，報告企業に対する請求権並びにそれらの資源及び請求権を変動させる取引その他の事象及び状況（「経済現象（economic phenomena）」）に関する情報を言葉と数値によって表現し，提供するものである。財務報告書の中には，経営者の報告企業に関する予想及び戦略，並びにその他の種類の将来予測的情報も含まれる（pars. 2.1-2.2）。

　そして，有用な財務情報の質的特性は，財務諸表や他の方法で提供される財務情報に適用される。この際，報告企業が有用な財務情報を提供する能力に関する一般的な制約であるコスト（「コスト制約」）も同様に適用される。しかし，質的特性とコストの制約を適用する際の考慮事項は，情報の種類によって異なる場合がある。例えば，将来予測的情報にそれらを適用することは，現存の経済的資源及び請求権並びに当該資源及び請求権の変動に関する情報にそれらを適用するのとは異なる場合がある（par. 2.3）としている。

　このような有用な財務情報の質的特性が明示されることによって，財務報告によって提供される財務情報の特性[1]と限界[2]とが明確となる。

3 有用な財務情報の質的特性

(1) 有用な財務情報の質的特性

この「有用な財務情報の質的特性」に関して，表5-2のように，財務情報が有用となるために必ず必要とされる「基本的質的特性」と，できる限りあることが望ましい「補強的質的特性」とがあるとしている。

財務情報が有用となるために，「基本的質的特性」として，それは目的適合的で，かつ表現しようとするものを忠実に表現しなければならない。なお，「目的適合性」は，利用者が意思決定に相違を生じさせることができる場合に生じ，具体的には，情報が予測価値又は確認価値を有する時に生じる。また，「忠実な表現」は，情報に完全性，中立性及び無誤謬性があるときに生じる。この場合，その有用性は，財務情報が比較可能で，検証可能で，適時で，理解可能であれば，補強される（「補強的質的特性」）（par.2.4）。この際，財務報告に対する一般的な制約であるコスト（「コスト制約」）も同様に適用される（par.2.3）としている。

表5-2 有用な財務情報の質的特性

目　標	基本的質的特性	補強的質的特性	一般的制約
財務情報の有用性	目的適合性 忠実な表現	比較可能性，検証可能性 適時性，理解可能性	コスト制約

（出所）　岩崎[2016]116頁（一部変更）。

しかも，この場合，有用な情報を提供するために，IASBは質的特性全体を，後述の「基本的質的特性の適用」のところで明示しているように，基本的には，目的適合性を頂点とする「序列関係」で捉えている。ただし，後述のように，非常に不確実性が高い等の場合には，この基本的質的特性間に「トレード・オフ関係」を認めている（par.2.22）。

なお，このトレード・オフ関係については，従来においては，「目的適合性と信頼性」との間に常に対等にトレード・オフ関係を想定し，信頼性が目的適合性を牽制していたのに対して，新しい概念フレームワークでは，非常に不確

実性が高い等の場合という特定の状況が想定されていること及び「目的適合性と忠実な表現」との間のトレード・オフ関係であることが従来のものと異なっている。

(2) 概念フレームワークにおける財務報告情報の質的特性の変遷

IASBとFASBとの概念フレームワークの改訂に関する共同プロジェクトの発足時及びその後の概念フレームワークにおける財務情報の質的特性を示せば，表5-3のとおりである。

表5-3 概念フレームワークにおける質的特性の比較

1980年米国SFAC 2	1989年IASBのCF	2010・2018年IASBのCF
(1) 基本的質的特性：①目的適合性（予測価値，フィードバック価値，適時性），②信頼性（検証可能性，表現の忠実性） (2) 副次的特性：①中立性，②比較可能性，③理解可能性	(1) 主要な質的特性：①理解可能性，②目的適合性（重要性），③信頼性（忠実な表現，実質優先，中立性，慎重性，完全性），④比較可能性	(1) 基本的質的特性：①目的適合性（予測価値，確認価値，重要性*1），②忠実な表現（完全性，中立性，無謬性，実質優先*2，慎重性*2） (2) 補強的質的特性：①比較可能性，②検証可能性，③適時性，④理解可能性
(2) 制約：①重要性（識閾），②コスト・ベネフィット	(2) 制約：①適時性，②コスト・ベネフィット，③質的特性間の均衡	(2) 制約：①コスト・ベネフィット

(注) SFAC：財務会計概念書，CF：概念フレームワーク，IASB：国際会計基準審議会。なお，2010年概念フレームワークは，IASBとFASBのジョイント・プロジェクトの成果である。

*1：新しい概念フレームワークでは，「重要性は，目的適合性と意味するところがほぼ同じであると考えられるので，目的適合性との関係でのみ説明されるべきであるとされ」た（山田[2010]27頁）。

*2：これらは，2010年概念フレームワークでは削除されたけれども，2018年概念フレームワークでは復活している。

(出所) FASB[1980], IASC[1989], IASB[2010][2018a]を参照して著者作成。

ここで，2010・2018年の概念フレームワークにおける質的特性の内容を検討してみると，そこにおいては，表3のように，基本的質的特性と補強的質的

特性とに分けられており，前者の「基本的質的特性」とは，前述のように，財務情報が有用であるために，必ず具備すべき基本的なものすなわち「絶対的要件」としての質的特性であり，有用な財務情報を特徴づける最も重要な質的特性である。これに対して，「補強的質的特性」は，それを具備することが望まれるものの，必ずしもこれを具備すべき必要のないものすなわち「相対的要件」としての質的特性であり，基本的質的特性より1段階低い位置づけとなっている。

ここで特に「信頼性」に関する重要な変更は，IASBと共同プロジェクトを行ったFASBの公表した財務会計概念書第2号（SFAC 2）と2010年以降の概念フレームワークとの相違であり，図5-2のように，基本的質的特性の内容及び位置づけに関して，「信頼性」が新しい概念フレームワークでは忠実な表現へと変更されている。この場合，「忠実な表現」は従来の基本的質的特性である信頼性の1構成要素の地位から基本的質的特性へと格上げされている。と同時に，「検証可能性」が従来の基本的質的特性である信頼性の1構成要素の地位から必ずしも必要とされない補強的質的特性へ格下げされている（岩崎[2011]30-32頁）。このように，IASBは，従来よりも広い時価（CV）の適用を想定し，それをハードルなく，スムーズに適用できるように，これに適合する質的特性である「忠実な表現」を格上げすると同時に，これに適合せず，ハードルとなる可能性のある「信頼性」及び「検証可能性」を削除ないし弱めている。

図5-2 信頼性の構成要素としての忠実な表現と検証可能性の変更

従来の概念フレームワーク		新しい概念フレームワーク	
信頼性	忠実な表現*1	→強化→	忠実な表現の基本的質的特性への格上げ	経済事象の忠実な表現の強調
	トレード・オフ関係			
	検証可能性*2	→弱化→	補強的質的特性への格下げ	間接的検証によりチェック機能の弱化

*1：公正価値会計と親和的。
*2：取得原価主義会計と親和的。
（出所）　岩崎[2011]31頁（一部修正）。

これと同様な趣旨で，従来においては，概念フレームワーク上主要な質的特性としての「目的適合性と信頼性」との間のトレード・オフ関係に加えて，信頼性の構成要素である「忠実な表現と検証可能性」との間においてもトレード・オフ関係があり，両者の間に一定の緊張関係すなわち信頼性が目的適合性を牽制し，また検証可能性が忠実な表現を牽制するという関係を想定していた。これに対して，2010年概念フレームワークにおいては，有用な情報を提供するために，基本的質的特性としての目的適合性と忠実な表現との間にトレード・オフ関係及びその構成要素間のトレード・オフ関係について，基本的質的特性としての目的適合性を頂点として「序列化」することによって，この関係を無くした。しかし，2018年概念フレームワークにおいては，目的適合性と忠実な表現という基本的質的特性間のトレード・オフ関係のみ一定の状況の下で認めるという従来よりも弱い形で復活させている。

(3) 実質優先

従来の2010年概念フレームワークにおいて削除されたけれども，2018年概念フレームワークにおいて復活した質的特性の一つとして，「実質優先」（substance over form）がある。この実質優先に関して，次のように規定している。すなわち，財務報告書は，経済現象を言語と数字で表現するものである。そして，財務情報が有用であるためには，財務情報は，目的適合性のある現象を表現するだけでなく，表現しようとしている現象を忠実に表現しなければならない。多くの場合，経済現象の実質とその法的形式は同じである。もしそれらが同じでない場合には，法的形式に関する情報のみを提供することは，経済現象を忠実に表現しているものとはならないであろう（par.2.12）として，忠実な表現のためには，法的形式よりも経済的実質を優先するという「実質優先」の考え方を適用しなければならないとしている。すなわち，ここでは，「忠実な表現」を行うために，実質優先の考え方（「忠実な表現」→「実質優先」）を採用しなければならないことを明確化している[3]。

(4) 慎 重 性

　上述の「実質優先」と並んで，従来の2010年概念フレームワークにおいて削除されたけれども，2018年概念フレームワークにおいて復活した質的特性として「慎重性」(prudence) がある。この「慎重性」に関して，中立性は，慎重性によって支えられており，この慎重性は，不確実性の状況下で判断を行う際の警戒心の行使である。慎重性の行使は，資産及び収益を過大表示せず，負債及び費用を過小表示しないことを意味する。ただし，慎重性の行使は，資産及び収益の過小表示や負債及び費用の過大表示を認めるものではない。そのような誤表示は，将来の期間における収益の過大表示又は費用の過小表示につながる可能性があるからである（par. 2.16）として，慎重性を，中立性を支えるもの（「忠実な表現」→「中立性」→「慎重性」）として位置づけている。この場合，「慎重性」とは，あくまでも不確実性の状況下で判断を行う際に警戒心の行使として使用されるものであり，しかも「慎重性の行使」は，無制限にその適用を認めるのではなく，資産及び収益を過大表示も，負債及び費用を過小表示も許容しないことという制限を設けている。

4　質的特性の適用

(1) 質的特性の適用

① 基本的質的特性の適用

　従来の概念フレームワークと異なって，2010・2018年概念フレームワークでは，後述の「質的特性の実質化」に伴って概念フレームワーク上「質的特性の適用[4]」すなわち「基本的質的特性の適用」と「補強的質的特性の適用」に関する規定を行っているところに特徴がある。まず前者の「基本的質的特性の適用」に関して，前述のように，情報が有用であるためには，目的適合性があり，かつ，忠実に表現されていなければならない，という基本的質的特性を有しなければならない。この場合，このような基本的質的特性を適用するための最も効果的で効果的なプロセスは，基本的には序列関係に基づいて，通常次のようになる。

最初に，報告企業の財務情報の利用者に「有用」となる可能性のある経済現象を識別する。次に，その現象に関する情報のうち，利用可能で忠実に表現できるとした場合に最も「目的適合性」の高い情報を識別する。最後に，その情報が利用可能で「忠実に表現」できるかどうかを判断し，もしそうであれば，基本的な質的特性を充足するプロセスは終了する。そうでない場合には，その次に目的適合性の高い種類の情報でそのプロセスを繰り返す（pars.2.20-2.21）というものである。

　このように，基本的質的特性の適用において，IASBは，まず情報が有用である可能性のある情報，次に最も目的適合性の高い情報，さらに忠実な表現ができる情報（「有用性」→「目的適合性」→「忠実な表現」）という順序を明確に示している。

　② 補強的質的特性の適用

　他方，「補強的質的特性の適用」に関しては，特定の序列関係はなく，状況に応じて様々であるとしている（par.2.38）。

(2)　基本的質的特性間の「トレード・オフ関係と測定基礎の選択」

　前述のように，2018年概念フレームワークにおいては，基本的質的特性の適用に関連して，概念フレームワーク上，新たに「基本的質的特性間においてトレード・オフ関係」が存在するとしている。このトレード・オフ関係に関して，ある場合には，経済的事象についての有用な情報を提供するという財務報告の目的を達成するために，基本的質的特性間においてトレード・オフ関係がなければならないであろうとしている。

　このような「トレード・オフ関係と測定基礎の選択」に関する具体例として，例えば，ある経済的事象についての最も目的適合性のある情報が，非常に高い不確実性がある見積りの場合である。すなわち，その見積りを行うために含まれる測定の不確実性のレベルが非常に高く，その見積りが，その事象について十分に忠実な表現を提供することについて疑わしい場合であり，この場合には，次のような選択がなされることとなるとしている。

〔ケース①〕　そのようなケースのあるものは，最も有用な情報は，不確実性及びその見積りに与える不確実性の説明を伴う，非常に不確実性が高い見積りであろう。

〔ケース②〕　そのケースの他のものは，その情報が，その事象の十分に忠実な表現を提供しないであろう場合には，最も有用な情報は，より測定の不確実性の低く，もう少し目的適合性が低い他の種類の見積りを含むであろう。

〔ケース③〕　限定された状況の下において，有用な情報を提供する見積りは存在しないであろう。このような限定された状況の下においては，見積によらない情報を提供することが必要になろう（par.2.22）としている。

　このようなトレード・オフ関係が存在する場合の「測定基礎の選択」に関して，IASBの基本的な立場としては，基本的に時価ないし現在価額の方を重視している。すなわち，「質的特性の適用」の所で説明したように，あくまでも「最も有用な情報」を時価測定ないし現在価額測定に基づく「非常に不確実性が高い見積もり」とし，反対に限定された状況において歴史的原価測定に基づく「見積を行わない情報」（「非常に不確実性が高い見積もり」→「もう少し目的適合性が低い他の種類の見積り」→「見積を行わない情報」）という位置づけを与えているところに，IASBの時価（現在価額）を重視する基本的な思考が表れている。

5　質的特性の実質化

(1)　質的特性の実質化の概要

　「財務情報の質的特性」という場合，通常財務情報に係る質的特性のことを想定する場合が多いと考えられる。しかし，新しい概念フレームワークでは，前述のように，質的特性が，単なる財務情報の質的特性に留まらず，下記のように，認識規準や測定基礎の選択などの際に実際に機能するものへと変化している（「質的特性の実質化」）。

(2) 認識規準における質的特性の実質化

新しい2018年概念フレームワークでは，財務報告の基本目的として意思決定目的のみを重視するので，認識規準として，従来の受託責任目的の達成のために必要であると考えられていた「蓋然性」や「測定の信頼性」という要件を削除し，限定認識アプローチに基づき，財務諸表の構成要素の定義を満たすことを前提として，新たに財務情報の有用性の観点から，財務情報の（基本的）質的特性として「目的適合性」と「忠実な表現」及びそれへの制約としての「コスト制約」という三つのものを明示し，これらを満たすものは，原則としてすべて計上するものとしている（pars.5.6-5.8）。

すなわち，より詳細に述べれば，IASBは，財務諸表の構成要素の具体的な「認識規準」として，次のようなものを示している。

財務諸表の構成要素の定義を満たすことを前提として，資産又は負債及びそれから生じる収益，費用又は持分の変動の認識が財務諸表の利用者に有用な情報を提供する場合のみ，資産又は負債は認識される。この場合，「有用な情報」とは，次の両方の要件を満たすものである。

① 資産又は負債及びそれから生じる収益，費用又は持分の変動に関する目的適合性のある情報で（「目的適合性の要件」），かつ
② 資産又は負債及びそれから生じる収益，費用又は持分の変動に関する忠実な表現である情報（「忠実な表現の要件」）(par.5.7）。

なお，この2要件が満たされるか否かの基本的質的特性の適用に関する判定は，前述の「質的特性の適用」の所を参照されたい。

このように，質的特性は，会計上の認識において実質的に認識規準として機能するという実質化が生じている。このようなことは以前の概念フレームワーク上の認識規準では見られなかった。

(3) 測定基礎の選択における質的特性の実質化

上述の「認識規準」と並んで，測定基礎の選択においても，質的特性の実質化が見られる。すなわち，新しい2018年概念フレームワークでは，測定基礎

第5章　有用な財務情報の質的特性

を(i)歴史的原価（HC）と(ii)現在価額（CV）（㋐公正価値（FV），㋑使用価値／履行価値（VIU／FV），㋒現在原価（CC））という二つの類型に分ける「二分法」が採用されている（pars.6.4, 6.11）。

この場合，「測定基礎の選択上考慮すべき要素」として，表5-4のように，財務情報の有用性の観点から，質的特性として，目的適合性と忠実な表現という基本的質的特性を満たすと共に，比較可能性，検証可能性，適時性と理解可能性という補強的質的特性についても出来るだけ満たすべきこと並びにその制約としてのコスト制約を新たに要求している（pars.6.2, 6.45）。

表5-4　測定基礎の選択上考慮すべき要素

	目　標	基本的質的特性	補強的質的特性	制　約
測定基礎の選択の視点	有用性	目的適合性	比較可能性，検証可能性，適時性と理解可能性	コスト制約
		忠実な表現		

（出所）　岩崎［2016］125頁。

概念フレームワークにおいては，複数の「測定基礎の選択の視点」が，概念フレームワーク上初めて明示されており，それは，財務情報の目的適合性が向上するか否かの観点（「目的適合性の観点」）から測定基礎の選択を行うこととし，その判断に影響する要因（「測定基礎決定要因」）として，① 財政状態計算書と財務業績の計算書の両方に対する影響（ホーリスティック観），② 資産負債の特徴，③ 将来キャッシュ・フローへの寄与の仕方を挙げている（pars.6.43, 6.49）。

まず，① ホーリスティック観は，測定基礎の選択に際して，財政状態計算書上の財政状態の表示と財務業績の計算書上の財務業績の表示の両方に対する影響を考慮しながら，測定基礎を選択しようとするものである。また，② 資産負債それ自体の特徴として，㋐ 項目のキャッシュ・フローの変動可能性についての性質，㋑ 項目の価値の市場要因又は他のリスクに対する感応度を考えている。そして，③「どのように資産又は負債が将来キャッシュ・フローに寄与するのか」（par.6.49）という将来キャッシュ・フローへの寄与の考え方は，伝統的な取引に基礎を置く過去のキャッシュ・フロー（収支）ではなく，将来

キャッシュ・フローへの寄与の観点から測定基礎を選定しようとするものであり，概念フレームワークの測定基礎の選定に関する考え方の中心概念の一つを表すものである。この場合，「どのように経済的資源が使用されているのか，それゆえ，どのように資産及び負債がキャッシュ・フローを創出するのかは，部分的には，当該企業において行われている事業活動（business activities）の性質に依存する」（par.6.54）としている。

なお，上述のような目的適合性の観点ではなく，「忠実な表現」の観点から，この他に，測定の不確実性の程度（レベル）を考慮して測定基礎を選択することとしている。この場合，測定の不確実性を考慮した測定基礎の選択に際しての基本的質的特性の適用に関しては，前述の「質的特性の適用」の所を参照されたい。

このように，新しい概念フレームワークにおいては，測定基礎の選択などに関して，目的適合性や忠実な表現という質的特性が実質的に影響を及ぼすという質的特性の実質化が生じている。このようなことは以前の概念フレームワーク上の測定基礎の選択の際には見られなかった。

Ⅲ 質的特性の特徴点と問題点

1 質的特性の特徴点

(1) 質的特性の構造化

1989年概念フレームワークにおいては，前掲の表5-3のように，主要な質的特性を単純に並列的に掲げていた（並列列挙法）のに対して，2010・2018年概念フレームワークでは，質的特性を基本的質的特性と補強的質的特性というような階層構造的な方法（階層構造法）での分類を採用している。

(2) 信頼性の忠実な表現への変更

1989年概念フレームワークにおいては，前掲表5-3のように，主要な質的特性として目的適合性等とともに「信頼性」を掲げていたのに対して，2010・

18年概念フレームワークでは，基本的質的特性として目的適合性と（信頼性の代替として）忠実な表現を挙げている。すなわち，従来（1989年）の概念フレームワークにおいては，会計目的が意思決定目的と受託責任目的とが並列されており，これらの目的を達成するために有用である質的特性として（目的適合性と）信頼性を規定したけれども，2010・2018年概念フレームワークにおいては，基本的質的特性として，意思決定目的のみを基本目的としているので，この目的を達成するために，信頼性よりも忠実な表現の方が適合的であるとIASBが考え，信頼性の代わりに忠実な表現を掲げている。

(3) 質的特性の時価会計化

上述の(2)と関連するけれども，公正価値を中心とする時価をハードルなく，スムーズに適用し，その結果として公正価値会計を中心とする時価会計をスムーズに適用することが出来るように，質的特性の適用の所で見たように，（原価主義会計と親和性のある信頼性を削除し，）目的適合性と（時価会計と親和性のある）忠実な表現を基本的質的特性とすると同時に，トレード・オフ関係についても，基本的には序列化によって目的適合性を重視すると同時に，著しく不確実性が高い場合等のような限定された場合のみトレード・オフ関係が生じるものとしている。

(4) 質的特性の実質化

本概念フレームワークにおいては，前述のように，財務情報の質的特性が単なる財務情報の質的特性に留まらず，認識規準や測定基礎の選択などに際して実質的に判断基準として影響を及ぼすという質的特性の実質化が見られる。

(5) 質的特性の適用規定

本概念フレームワークにおいては，前述のように，上記(4)の質的特性の実質化に伴う財務情報の質的特性の適用に関して，具体的な規定が置かれており，どのように質的特性の適用を行うのかについて説明がなされている。

2 質的特性の問題点

2018年概念フレームワークにおける財務情報の質的特性についての問題点に関しては，次のようなものが挙げられる。

(1) 信 頼 性

前述のように，2010・2018年概念フレームワークにおいては，意思決定目的のために，「信頼性」を「忠実な表現」へ変えた。しかし，信頼性のない財務情報は，利用者にとって有用ではなく，有害でさえあると考えられる。すなわち，新しい概念フレームワークの質的特性等における信頼性に関して，IASBは，頑なに信頼性という概念を拒否し，代わりに忠実な表現という概念を採用している。しかし，例えば，IASBとFASBの概念フレームワークの改訂に関する共同プロジェクトによって作成された概念フレームワークの公開草案の元になる2006年の討議資料「改善された財務報告に関する概念フレームワークについての予備的見解「財務報告の目的及び意思決定に有用な財務情報の質的特性」(IASB[2006])に対してなされた米国会計学会(AAA)の財務会計基準委員会(FASC)の意見としては，この概念フレームワークは，「実際に関連した市場取引に基づいていないので，(例えば，モデルによる時価評価や現在価値として決定された数値のような)ほとんど信頼し得ない公正価値に依存していると考えている。そして，そのような『柔らかな』(soft)数値を提供する会計報告は，会計数値一般の目的適合性及び有用性にとって有害(harmful)であると考えている」(AAA[2007]p.229)としている。このように，信頼性のない会計情報は，情報の有用性として有用ではないし，利用者を誤導する恐れがあるので，概念フレームワークの計算構造の議論の前提として，財務情報の質的特性等において信頼性を復活すべきであろう。

(2) 利益概念の未定義

　2018年概念フレームワークにおいては，利益概念について規定をしていない。概念フレームワークでは意思決定有用性アプローチを採用し，意思決定目的のみを基本的目的としているので，本来どのような意思決定モデルを採用しているのかを概念フレームワーク上示す必要があるが，示されていない。仮に伝統的な投資意思決定モデルに従う場合には，配当支払いモデルやオールソンモデル等に従うことになると考えられるけれども，この場合には，クリーン・サープラス関係のある純利益が示されることが必要である。この場合，純利益は確認価値があることが要求され，通常実現利益であることが必要となる。従来から収益費用中心観に基づく我が国の会計では実現概念が重視され，業績数値としては実現利益（ないしその代替数値）としての純利益が計算表示されてきた。この理由は，純利益が将来のキャッシュ・フローを見積もる上で有用であると考えられてきたからである。すなわち，貸借対照表上の「資産を全て集計した金額が，企業価値を代理する有用な情報になるわけではない。‥(中略)‥企業価値とは，現在持っている資産のストックによって代理されるものではなく，むしろ将来どの位の成果を稼ぐかという見込みによって決まる。したがって，企業価値を代理するのは資産の額やその時価ではなく，むしろ将来の恒久利益，すなわち毎期のキャッシュ・フローを永続的かつ標準化された額の利益に変換したものが，企業の価値を代理することになるはずである。それを現在の利益でとりあえず代理させるのが情報開示システムの役割である。重要なのは，資産・負債の変動が，利益の認識の必要条件でしかないということである」(斎藤[2011]9頁)。しかも，「純利益が…(中略)…恒久利益の予測に役立つ会計上の利益概念である」(同上10頁)ということである。

Ⅳ　結　　論

　以上のように，本稿では，文献研究に基づいて有用な財務情報の質的特性に関して，最新の概念フレームワーク上IASBは，どのような財務情報の質的特

性を考えているのか，その特徴点と問題点を明確にすることを目的としていた。そして，これまでの検討の結果以下のことが明確にされた。

まず，本概念フレームワークの「特徴点」としては，① 財務情報の質的特性を基本的質的特性と補強的質的特性というような階層構造的な方法（階層構造法）で分類していること，② 基本的質的特性として目的適合性と（信頼性の代替として）忠実な表現を挙げていること，③ 公正価値会計を中心とする時価会計をスムーズに適用することが出来るように，質的特性の時価会計化が行われていること，④ 著しく不確実性が高い場合等のような限定された場合に，トレード・オフ関係を容認していること，⑤ 認識規準や測定基礎の選択などに際して実質的に判断基準として影響を及ぼすという質的特性の実質化が見られること，⑥ 質的特性の適用について具体的な規定をしていること等が挙げられる。

他方，本概念フレームワークの「問題点」としては，① 信頼性のない財務情報は，利用者にとって有用ではなく，有害でさえあるので，基本的質的特性として信頼性を復活すべきであること，② 概念フレームワーク上採用する利益概念をまず明確にし，そこからそれに適合する財務情報の質的特性を導き出すべきこと等が挙げられる。

〔注〕
1) 例えば，財務報告は目的適合性と忠実な表現を中心として，時価（CV）を重視しているという特徴がある。
2) 例えば，財務報告は，目的適合性と忠実な表現を中心として，時価（CV）を重視しているので，客観性や信頼性に乏しく，利害調整目的には適合しないという限界がある。
3) ただし，ここでは「実質優先」という専門用語は使用されていない。
4) 2010年の概念フレームワークにおいて，「質的特性の適用」に関して初めて規定が置かれた。2018年の規定も基本的には，2010年の規定内容と同様である。

【参考文献】
岩崎　勇[2007]「会計概念フレームワークの現状と問題点」『會計』第172巻第5号 35-47頁。

―――[2011]「IFRSの概念フレームワークについて―財務情報の質的特性を中心として」『會計』第180巻第6号,29-41頁。
―――[2016]「概念フレームワークと計算構造について―IASBの新しい概念フレームワークを中心として―」『經濟學研究』第82巻第5・6合併号,105-146頁。
―――[2019]『IFRSの概念フレームワーク』税務経理協会。
椛田龍三[2016]「概念フレームワークにおける質的特性―制度的補完性理論と忠実な表現概念の関係―」『IFRSの概念フレームワークについて―最終報告書―』国際会計研究学会研究グループ。
企業会計基準委員会(ASBJ)[2006]「ディスカッション・ペーパー『財務報告に関する改善された概念フレームワークについての予備的見解:財務報告の目的及び意思決定に有用な財務報告情報の質的特性』に対するコメント」1-12頁。
―――[2008]「公開草案『財務報告の概念フレームワーク改訂案 第1章 財務報告の目的及び第2章 意思決定に有用な財務報告情報の質的特性及び制約条件』に対するコメント」1-12頁。
斎藤静樹[2011]『会計基準開発の基本思考とコンバージェンスのあり方』IMES DISCUSSION PAPER SERIES 日本銀行金融研究所 No.2011-J-7。
山下壽文[2014]「概念フレームワークにおける質的特性」『会計概念フレームワークと簿記―最終報告書―』日本簿記学会簿記理論研究部会 55-62頁。
山田辰己[2010]「概念フレームワーク改訂プロジェクトについて」『企業会計』第62巻第8号23-30頁。
American Accounting Association (AAA) [2007] American Accounting Association's Financial Accounting Standards Committee (FASC), "The FASB's Conceptual Framework for Financial Reporting: A Critical Analysis", *Accounting Horizons*, Vol.21, No.2, June, pp.229-238.
Financial Accounting Standards Board (FASB) [1980] *Statement of Financial Accounting Concepts No.2, Qualitative Characteristics of Accounting Information.* (平松一夫,広瀬義州訳[2002]『FASB財務会計の諸概念』中央経済社)。
International Accounting Standards Board (IASB) [2006] *Discussion Paper, Preliminary View on an improved Conceptual Framework for Financial Reporting: The Objective of Financial Reporting and Qualitative Characteristics of Decision-useful Financial Reporting Information.*
―――[2008] *Exposure Draft "An improved Conceptual Framework for Financial Reporting: Chapter 1: The Objective of Financial Reporting, Chapter 2: Qualitative Characteristics of Decision-useful Financial Reporting Information".*
IASB[2010] *Conceptual Framework for Financial Reporting 2010.*
―――[2013] *Discussion Paper, A Review of the Conceptual Framework for Financial Reporting. July 2013.*
―――[2015] *Exposure Draft, Conceptual Framework for Financial Reporting, International Accounting Standards Board.*(企業会計基準委員会訳[2015]『公開草案

ED/2015/3　財務報告に関する概念フレームワーク』）
　——［2018a］*Conceptual Framework for Financial Reporting*.
　——［2018b］*Conceptual Framework for Financial Reporting-Six Facts*.
　——［2018c］*IFRS Conceptual Framework Project Summary*.
International Accounting Standards Committee（IASC）［1989］*Framework for the Preparation and Presentation of Financial Statements*.

　なお，本章は，科研費「JSPS KAKENHI Grant Number JP 16K 03989」の助成を受けたものである。

（岩崎　勇）

第6章　財務諸表と報告企業

I　序　説

　IASBが2018年3月に公表した改訂概念フレームワークでは，従前の概念フレームワークにおいて取り上げられることのなかった「報告企業（reporting entity）」が，第3章「財務諸表と報告企業（Financial Statements and Reporting Entity）」において展開されている（IASB[2018]Ch.3）。そもそも概念フレームワークの改訂作業は，ノーウォーク合意以降のIASBとFASBのコンバージェンスを進めるために，2004年10月より両審議会の共同プロジェクトとして開始されたものであった（IASB[2004]p.4）。

　報告企業の問題は，概念フレームワークの改訂作業当初より，単独のプロジェクトとして扱われた[1]。IASBとFASBの従前の概念フレームワークで扱われてこなかった当該問題が，この改訂作業において扱われるようになった背景には，報告企業の概念が，従前の概念フレームワークにおいて暗黙裡には想定されているものの明示されていなかったため，同一の会計問題，とくに連結財務諸表に関わる問題が，IASBとFASBの間で異なる形で解決される，あるいは解決されないままとなっていたことがある（IASB[2008a]pars.1-3）。かかる概念を明確にし，「概念レベルでのギャップを埋めることにより，基準レベルおよび実務レベルで存在している多くの複雑な問題を解決することが可能になる」（par.3）と考えられたため，当該問題が取り上げられるようになったのである。

　IASBは，2005年9月に報告企業プロジェクトに関する審議を実質的に開始し，FASBとの間の調整を交えて共同で2つの公式文書を公表した。それが2008年5月公表のディスカッション・ペーパー（Discussion Paper）『財務報告

83

に関する概念フレームワークの改善についての予備的見解：報告企業 (Preliminary Views on an improved Conceptual Framework for Financial Reporting：The Reporting Entity)』（2008年DP：IASB[2008a]）と，2010年3月公表の公開草案（Exposure Draft）『財務報告に関する概念フレームワーク：報告企業（Conceptual Framework for Financial Reporting：The Reporting Entity)』（2010年ED：IASB[2010a]）である。その公表直後，IASBとFASBは，当時の優先事項であったMOU項目の開発に集中するために，概念フレームワークの共同開発を一旦休止するが，IASBは，利害関係者からの強い要望があったことに鑑みて，2012年より，単独で概念フレームワークの開発に着手することとした。報告企業プロジェクトに関して，IASBは，2015年5月に公開草案『財務報告に関する概念フレームワーク（Conceptual Framework for Financial Reporting)』（2015年ED：IASB[2015]）第3章「財務諸表と報告企業（Financial Statements and Reporting Entity)」を公表し，2018年3月に改訂概念フレームワーク第3章を公表した。

　こうした一連の経緯に鑑みると，共同プロジェクトとして展開されていた間と単独プロジェクトとして展開された間とで，報告企業プロジェクトの意味ないし意義は異なっていると考えられる。しかも，当該プロジェクトが展開されていた最中でも，当該プロジェクトの目的が不明確であるとの意見が決して少なくなかったことに鑑みると（IASB/FASB[2010]par.8），2012年以降に，IASBが単独で行った報告企業プロジェクトの意義はより一層分かり難くなっているといえよう。そこで，本章では，FASBとの共同プロジェクト展開時の提案内容とIASB単独プロジェクト展開時のそれとを相対化し，その変化を示すことをつうじて，改訂概念フレームワーク第3章の意義を明らかにすることを目的とする。第Ⅱ節において，まずは改訂概念フレームワーク第3章の内容を確認する。第Ⅲ節では，上記に示した4つの公式文書と，報告企業プロジェクト開始当時に叩き台として提示されたIASBの会議資料をもとにその形成過程を辿り，第Ⅳ節においてその意味ないし意義の変化ならびにIASBが第3章に対して付与した意義を検討する。

Ⅱ　改訂概念フレームワーク第 3 章「財務諸表と報告企業」

　IASB 改訂概念フレームワーク第 3 章は，2 つのセクション（「財務諸表」と「報告企業」），18 パラグラフから構成されている。以下，その内容を確認する。

1　「財務諸表」セクション

　「財務諸表」セクションは，IASB の単独プロジェクト以降に扱われるようになった，「財務諸表の目的と範囲」，「報告期間」，「財務諸表で用いられる視点」，そして「継続企業の前提」という 4 つのサブ・セクションから構成されている。

　IASB は，財務諸表の目的を，改訂概念フレームワーク第 1 章で提示された一般目的財務報告の目的にもとづき（IASB[2018]par.1.3），「報告企業に対する将来の正味キャッシュ・インフローの見込み，および当該企業の経済的資源に対する経営者のスチュワードシップを評価するにあたり，財務諸表の利用者にとって有用な，当該企業の資産，負債，持分，収益および費用に関する財務情報を提供すること」（par.3.2）とする。かかる情報は，主に，(a)資産，負債，そして持分から成る財政状態計算書（statement of financial position）と(b)収益および費用から成る財務業績の計算書（statement of financial performance）という 2 種類の財務諸表をつうじて提供される（par.3.3）[2]。

　そうした財務諸表は，特定の期間（報告期間）に関して作成され（par.3.4），財務諸表利用者が資産や負債といった財務諸表の構成要素の変化や傾向を識別し，評価することができるようにするために，少なくとも 1 期前の比較情報が提供される（par.3.5）。なお，報告企業の報告期間における財務諸表の構成要素に関わり，かつ財務諸表利用者にとって有用である場合には，将来起こりうる取引や事象に関する情報が，また財務諸表の目的に合致する場合には，後発事象等が財務諸表に含められる（pars.3.6-3.7）。

そうした財務諸表は,「報告企業の既存ないし潜在的な投資者,融資者又は他の債権者の特定の集団の視点からではなく,当該企業全体の視点から捉えられた取引や他の事象に関する情報を提供する」(par.3.8)という,「企業全体の視点（perspective of the entity as a whole)」に立って作成されることが求められている。ここにおいて,報告企業は財務諸表の利用者と別個の存在であることが強調されている。かりに特定の利用者グループの情報ニーズを満たすことが要請されるならば,利用者グループ別の財務諸表の作成が求められるが,こうした実務は,大きなコストを必要とし,財務報告を混乱させ,その信頼性を低下させる可能性がある。こうした状況を回避するために,改訂概念フレームワークでは,報告企業全体の視点に立った財務諸表の作成が求められているのである (pars.BC 3.9-BC 3.10)。最後に,改訂概念フレームワークでは,従前の概念フレームワークと同様 (IASB[2010b]par.4.1),報告企業は継続企業であり,予見可能な将来にわたって活動し続ける,との前提にもとづいて財務諸表が作成されるよう要請されている (IASB[2018]par.3.9)。

2 「報告企業」セクション

改訂概念フレームワークでは,「財務諸表」セクションに続き,改訂作業当初以来,継続的に検討されてきた,「報告企業」セクションが展開されている。当該セクションは,報告企業概念と「連結財務諸表および非連結財務諸表」という2つのサブ・セクションから構成されている。

改訂概念フレームワークにおいて報告企業とは,「財務諸表を作成することが要請される,またはその作成を選択する企業」(par.3.10)を指し,単一の企業が報告企業になる場合もあるが,必ずしも法的な企業である必要はなく,その一部が報告企業になる場合もあれば,複数の企業から構成される場合もある (par.3.10)。複数の企業が報告企業となり,その中のある企業（親会社）が他の企業（子会社）を支配する場合,その財務諸表は「連結財務諸表」と呼ばれ,親会社のみが報告企業となる場合,その財務諸表は「非連結財務諸表」（親会社の個別財務諸表）と呼ばれる (par.3.11)[3]。

第 6 章　財務諸表と報告企業

　単一の報告企業として，親会社と子会社両方の財務諸表の構成要素に関する情報を提供する連結財務諸表は，親会社に対する将来の正味キャッシュ・インフローの見込みを評価する際，既存および潜在的な親会社の投資者，融資者，そしてその他債権者にとって有用である。それは，親会社への正味キャッシュ・インフローが子会社から親会社への分配によって左右され，この分配自体，子会社への正味キャッシュ・インフローに左右されるからである（par.3.15）。確かに，親会社の財務諸表利用者にとって，親会社の財務諸表の構成要素に関する情報を提供する非連結財務諸表が有用な場合もあるが（par.3.17）[4]，そうした情報が常に親会社の財務諸表利用者の情報ニーズを十分に満たすわけではないため，非連結財務諸表が連結財務諸表に代替可能であるとは，IASBは考えていない。しかしながら，このことは，非連結財務諸表の作成を否定するものではない（par.3.18）。

3　小　　括

　改訂概念フレームワーク第3章では，将来の正味キャッシュ・インフローの見込みや経営者のスチュワードシップの評価のために，財政状態計算書と財務業績の計算書という2種類の主要な財務諸表が，特定の期間に対して少なくとも2期分，企業全体の視点に立ち，かつ継続企業の前提にもとづいて作成されるとしている。また，そこでは，さまざまな組織が財務諸表を作成する報告企業になる可能性があること，とくにある会社と別の会社に支配関係がある場合，親会社に対する将来の正味キャッシュ・インフローの見込みを評価するためには，非連結財務諸表よりも連結財務諸表が有用な情報を提供すると述べるのである。改訂概念フレームワーク第3章において示された内容は，現行実務の説明に終始しており，新たな規範を付与しようとしたものとは言い難いのである。

Ⅲ　改訂概念フレームワーク第3章の形成プロセス

本節では，改訂概念フレームワーク第3章が形成されるまでにIASBが公表した公式文書の内容およびその変化を整理する。こうした整理は，次節において実施する，報告企業プロジェクトの内容変化を相対化し，改訂概念フレームワーク第3章の意義を明らかにするために必要な作業である。

1　2005年「予備的なスタッフ調査」

IASBは，2005年9月に報告企業プロジェクトの審議を開始し，その際，報告企業概念と支配概念[5]とに分けて議論することを決定した。前者に関しては，同年12月のボード・ミーティングで「予備的なスタッフ調査」(IASB[2005])が議論の叩き台として配布され，4つの論点(① 報告企業になるタイミング，② 集約情報と構成要素別情報の有用性，③ 連結財務諸表の目的，そして④ 連結の基礎としての支配概念) に関する提案がなされた。

そこで提案されたのは主に以下の4つである (pars.129-130)。すなわち，報告企業は法的な企業に限定されず，支店やセグメントも報告企業となる可能性があること，報告企業は財務諸表利用者の情報ニーズにもとづくべきであること，連結財務諸表は，現在および潜在的な投資者や債権者，その他の企業グループに関する財務報告利用者が合理的な投資，与信，類似した経済的意思決定を行う際に有用な企業グループに関する情報を提供すること，そして企業グループの範囲は，支配概念にもとづいて画定されるべきであること，である。

2　2008年DP

2008年5月，IASBとFASBは共同で2008年DP (IASB[2008a]) を公表した。そこでは，4つのセクション(「報告企業概念」，「企業グループ」，「親会社の個別財務諸表」，「支配問題」) に関する予備的見解が提示されている。

まず，報告企業に関しては明確な定義を行わずに[6]，「資金提供者の持分に

関わる，限定された事業活動の領域」と説明され（par.14），それは法的な企業に限定されないことが提案された（par.22）。さらに，企業グループの範囲は，他の事業体に対するパワーと，ベネフィットを得るための能力という2つの要件を包含した支配概念にもとづいて画定されるべきこと（par.48），また支配企業（親会社）とその支配下にある他の企業（子会社）を企業グループに含めること（par.68），も提案された。なお，第3セクション「親会社の財務諸表」では，「連結財務諸表に対する親会社説」と「個別財務諸表[7]と連結財務諸表の関係性」という2つの問題が論じられた。前者に関して，連結財務諸表はエンティティの視点，いわゆる経済的単一体説にもとづいて作成されること（par.115)[8]，また後者に関して，親会社は連結財務諸表を常に公表するべきであるが（par.137），かりに連結財務諸表と個別財務諸表（非連結財務諸表）の情報内容が同じであるとしても，個別財務諸表の公表は否定されないこと（par.140），が提案された。

3 2010年ED

2008年DPに対するコメント・レターの分析およびその後の審議を経て，IASBとFASBは，2010年3月に2010年ED（IASB[2010a]）を公表した。2010年EDは，3つのセクション（「報告企業の説明」，「連結財務諸表」，「その他の財務諸表」），全12パラグラフから構成されている。なお，2010年EDでは，2008年DPに対するコメント・レターにおいて多くの反対意見を受けた[9]，「エンティティの視点」に関する記述が削除されている。

2010年EDでは，報告企業を，「資金提供者にとって財務情報が有用となる可能性のある，経済活動が限定された領域」と説明し（par.RE 2），報告企業は法的な企業である必要はなく，1つ以上の企業を含むこともあれば，ある企業の一部である場合もある（par.RE 4），とする。ある企業が，自己にとってのベネフィットを生み出す（もしくは損失を少なくする）ために他の企業の活動を方向づけるパワーを持つ場合，前者は後者を支配していると考えられ（par.RE 7），その際，連結財務諸表が作成される（par.RE 8)[10]。また，連結財務諸表ととも

に個別財務諸表を公表することにより，情報の有用性が高まる可能性があること（par.RE 11），も指摘されている。

4 2015年ED

2012年にIASBが単独で概念フレームワーク・プロジェクトを再開してから報告企業フェーズを扱った最初の公式文書が，2015年5月公表の2015年ED（IASB[2015]）であった。当該EDは，「財務諸表の役割」と「報告企業」という2つのセクション，25パラグラフから構成されている。

「財務諸表の役割」セクションでは，概念フレームワーク・プロジェクトの全体像における報告企業プロジェクトの位置付けが説明されており，このセクション固有の論点や提案はほとんどない。ただし，ここで特筆されるべきは次の2点であろう。一つは，「財務諸表は，投資者，融資者又は他の債権者の特定の集団の視点からではなく，企業全体の視点から作成される」（par.3.9）というものである。ここで強調されているのは，IASBが，FASBとともに2010年9月に公表した概念フレームワーク第1章「一般目的財務報告の目的」の結論の根拠で示した，所有と経営の分離（separation between businesses and their owners）を財務報告において実行する，すなわち，財務報告は特定の財務諸表利用者や彼らの持分に対する会計処理ではなく，企業の会計処理にもとづいてなされる（IASB[2010b]par.BC 1.8），という点である（IASB[2015]par.BC 3.3）。また，特筆すべきもう一つの点は，従前の概念フレームワークにおいて言及されていたものの，報告企業プロジェクトでは論じられてこなかった，継続企業の前提への言及がなされていることである（par.3.10）。

それらに続き，「報告企業」セクションが展開される。ここで報告企業とは，一般目的財務諸表の作成を選択するか，あるいは要求される企業をいう（par.3.11）。それは必ずしも法的な企業である必要はなく，企業の一部分であることもあれば，複数の企業であることもある（par.3.12）。とりわけ，ある企業（親会社）が他の企業（子会社）を支配している場合，直接支配のみにもとづいた個別財務諸表を作成することもあれば[11]，直接支配と間接支配の両方にも

とづいた連結財務諸表を作成することもある (pars.3.14-3.15)。親会社の投資者や債権者に対するリターンは，多くの場合，子会社の将来の正味キャッシュ・インフローに依存しているため，連結財務諸表の作成が望まれており (par.3.22)，個別財務諸表よりも有用とみなされている (par.3.23)。

Ⅳ 結論：改訂概念フレームワーク第3章の含意

1 報告企業の範囲の画定

　本章で確認した，2008年DP，2010年ED，2015年ED，そして2018年公表の改訂概念フレームワーク第3章の内容を，報告企業プロジェクトで取り上げられてきた3つのトピック（報告企業概念，連結財務諸表，支配概念）に分け，それらをさらに細分化したものを，表6-1において示す。それによれば，報告企業プロジェクトでは，① 報告企業は法的な企業に限定されない，② 非連結財務諸表（親会社の個別財務諸表）の公表は妨げられない，③ 連結財務諸表の方が非連結財務諸表よりも有用な情報を提供する，そして④ 連結財務諸表の作成は支配概念にもとづく，という4点が一貫して提示されてきたことが明らかとなる。

　それに対して，報告企業プロジェクト開始時の議論の叩き台であった「スタッフの予備調査」において意図され，しかもFASBとの共同プロジェクトで展開されてきた，報告企業概念を明確にする，すなわちどのような企業が報告企業になるのか，もしくは報告企業の範囲を画定する，という狙いが，IASB単独プロジェクト以降，後退していることが伺える。共同プロジェクト展開時では，それが成功していたか否かは別としても，「限定された事業活動の領域」や「限定された経済活動の領域」を報告企業として，そうした企業（事業体）が財務報告を行う，あるいは財務諸表を作成する，との論理展開になっていたが，単独プロジェクト展開時では，「報告企業＝財務諸表の作成企業」とされ，どのような企業が財務報告を行う，あるいは財務諸表を作成するのか，に言及しないのである。これは，2010年EDに対するコメント・レターの多く

表6-1　報告企業プロジェクトにおける主要論点の展開

		2008年DP	2010年ED	2015年ED	2018年CF
報告企業概念	定義・説明	資金提供者の持分に関わる,限定された事業活動の領域	資金提供者にとって財務情報が有用となり可能性のある,経済活動が限定された領域	一般目的財務諸表の作成を選択するか,またはその作成が要求される企業	財務諸表を作成することが要請される,またはその作成を選択する企業
	法的事業体の非限定	○	○	○	○
	継続企業の前提	×	×	○	○
	企業全体の視点	×	×	○	○
連結財務諸表	連結財務諸表の優位性	○	○	○	○
	非連結財務諸表の公表	○	○	○	○
	作成アプローチ	経済的単一体説	×	×	×
支配概念	支配概念の必要性	○	○	○	○
	支配概念の明確化	○	○	×	×
	定義	他の事業体に対するパワーとベネフィットを得るための能力を含んだもの	ある事業体が,自己にとってのベネフィットを生み出す(もしくは損失を少なくする)ために他の事業体の活動を方向づけるパワー	× 第4章pars.4.17-4.23を参照するよう記載あり	× 記載なし

○:記載あり　　×:記載なし

の回答にあった,「IASBには,誰が一般目的財務諸表を作成しなければならないか,または作成すべきかを決定する権限はない」(IASB[2015]par.BC 3.9)という指摘に起因している。この指摘を受け,IASBは,報告企業概念を明確にするという当初の目的の達成を諦めたと考えられるのである。

当初目的からの乖離は,支配概念においてもみられる。FASBとの共同プロジェクト展開時,報告企業プロジェクトでは,パワーとベネフィットにもとづいた支配概念の開発を目指していたが,2015年EDでは支配概念の定義・説明を資産の定義に委ね,また改訂概念フレームワークでは支配概念を等閑視している。これは,概念フレームワークの改訂作業において支配概念を明確にする必要性がなくなったと判断したためかもしれない。

既述したように,報告企業プロジェクトの当初の目的は,IASBとFASBにおける報告企業,とりわけ連結上の範囲において生じていた差異を解消することにあった。事実,共同プロジェクト展開時の支配概念の議論は,特別目的事業体(SPE)の会計問題と連結範囲の問題,さらにはSPE会計と連結会計の統合化を図るために,2003年に開始され,当時同時並行的に進められていた連結プロジェクトの支配に関する議論と軌を一にしていたのであり[12],報告企業プロジェクトは,SPEの会計と連結範囲に関するコンバージェンスを概念的な側面から後押しし,連結プロジェクトの推進を図るためのものであったと考えられるのである。しかしながら,概念フレームワークの改訂作業がIASB単独のプロジェクトとなった時点で,当該問題を概念フレームワークで扱う意味はなくなり,かくしてIASBは,報告企業プロジェクトの当初の目的であった,支配概念の明確化も諦めたのであろう。

2 企業全体の視点

報告企業概念の明確化という当初目的に代わって,IASB単独のプロジェクト以降,新たに登場した論点が,企業全体の視点であった。企業全体の視点に関しては,2008年DPで提示されたものの,そのコメント・レターで多くの反対意見を受け,2010年EDでは取り上げられなかった,エンティティの視点が

想起されよう。2008年DPでは，経済的単一体説と同様のエンティティの視点が，Baxter and Spinney[1975]の議論を参考に，親会社説と対比される形で論じられていた（IASB[2008a]pars.107-114）。エンティティの視点によれば，① 全部連結の適用，② のれんを含めて，すべての子会社の資産や負債が連結財務諸表に計上される，すなわち全面時価評価および全部のれん方式の採用，そして ③ 非支配持分の連結財務諸表への記載と，支配持分との無差別化，が会計処理上の特徴とされる（pars.110-111）。

それに対して，IASB単独プロジェクトにおいて展開された，企業全体の視点では，報告企業は財務諸表利用者とは別個の存在であり，そうした利用者の観点からではなく，企業の観点から会計処理されるべきことが強調されている（IASB[2015]par.BC 3.3, IASB[2018]par.BC 3.9）。確かに，連結基礎概念における親会社説では支配株主（親会社株主）の観点から会計処理が行われ，また経済的単一体説では企業グループの観点から行われるため（FASB[1991]pars.63-64），改訂概念フレームワーク等で展開されている企業全体の視点は，親会社説よりも経済的単一体説に整合するかもしれない。とはいえ，改訂概念フレームワークが経済的単一体説にもとづいている，と主張するには疑問がある。

その理由の一つは，企業全体の視点が扱われているのが，連結財務諸表に関わる箇所でなく，報告企業全般に関わる箇所で記述されている点である。もう一つの理由は，改訂概念フレームワークで示された連結財務諸表と非連結財務諸表との関係性に関する点である。経済的単一体説では，連結財務諸表が企業グループの観点から作成され，企業グループの財務諸表と位置づけられるのに対して，親会社説では，連結財務諸表が支配株主の観点から作成され，親会社の個別財務諸表（非連結財務諸表）における親会社からの投資勘定を子会社の資産や負債に置き換えた，親会社の個別財務諸表の修正と捉えられる（pars.63-64）。つまり，親会社説にもとづくと，連結財務諸表と非連結財務諸表は同一の情報を提供するものであり，その代替可能性から優劣が論じられることになろうが，経済的単一体説にもとづくと，これらはそれぞれ異なる情報を提供する相互補完的な関係にあり，その優劣が論じられるものではない。改訂概念フ

レームワークでは両財務諸表の優劣が論じられており，そのことに鑑みると，IASBは，両財務諸表の関係性を親会社説のそれと同じように捉えていることが明らかになるのである。こうした点から，改訂概念フレームワークにおける企業全体の視点は，経済的単一体説を意味しているとは考えられないのである。

かりに，企業全体の視点が経済的単一体説を表しているとしても，上記①〜③の会計処理に関して，全部のれん方式以外は，既に現行規定（IFRS 3 および IFRS 10）に含まれ，また全部のれん方式も既に認められた会計処理の一つとなっている。かくして，企業全体の視点を経済的単一体説と解釈したとしても，現行の会計基準や会計実務を大きく変更することにはならないのである。

3　改訂概念フレームワーク第3章の意義

以上確認したように，報告企業プロジェクトにおいて当初想定されていた，報告企業概念の明確化は，2010年EDに対するコメント・レターの回答で示された，「IASBには，誰が財務諸表を作成しなければならないか，または作成すべきかを決定する権限はない」という指摘により，検討の必要性がなくなったのである。また，当該プロジェクトの直接的な要因となっていた連結範囲やSPE会計の差異の解消を図るための支配概念の明確化も，IASB単独のプロジェクトとなったことで，その必要性はなくなった。その代わりに，IASBは，所有と経営の分離を財務報告上，反映すべく企業全体の視点を採用するが，かかる概念が会計処理を規定するためのものなのか，あるいは2008年DPで提示されたような経済的単一体説を導くものなのかについては不明確なままであり，後者と捉えるには疑問が残る。そしてかりに企業全体の視点を連結基礎概念と解釈したとしても，IFRS自体には大きな変更を要求するものではないのである。

そうした意味において，改訂概念フレームワーク第3章は，新たな規範を付与するものではない，現行実務を説明するためのものであるといえよう。ただし，わが国の会計基準および会計実務への影響を考えた場合，全部のれん方式がIFRSにおいて唯一認められたのれんの会計処理となる可能性があることに

鑑みると，個別基準レベルにおいてIASBの今後の動向に注視していかなければならないであろう。

〔注〕
1) 「報告企業」は，IASCによって1989年に公表されていた『財務諸表の作成及び表示に関するフレームワーク（Framework for the Preparation and Presentation of Financial Statements）』を，IASBが2010年9月に改訂した『財務報告のための概念フレームワーク（Conceptual Framework for Financial Reporting）』を公表した際には，第2章として想定されていた（IASB[2010b]）。
2) 改訂概念フレームワークでは，(a)と(b)に加えて，(c)認識された財務諸表の構成要素や，未認識の資産および負債，キャッシュ・フロー，持分請求権者からの拠出ならびに分配，そして表示ないし開示された金額を見積もる際に使われた方法，前提，そして判断，さらにはその変動に関する情報を表示および開示した，他の計算書および注記，によっても提供されるとしている（IASB[2018]par.3.3）。
3) 親子会社関係にない複数の企業が報告企業となる場合，その財務諸表は「結合財務諸表」と呼ばれる（IASB[2018]par.3.12）。
4) その理由としては，親会社に対する請求権を子会社に請求することができないため，さらに一部の法域では，親会社に対する持分請求権者に対して法的に分配される金額が，親会社の分配可能剰余金に左右されるからである（IASB[2018]par.3.17）。
5) なお，支配概念については，① 支配の意味，② 企業に対する支配と資産に対する支配の相違，③ ジョイント・ベンチャーの問題，そして ④ 支配が一時的である場合の問題，という4つの問題が提示された（IASB[2005]par.127）。
6) IASBは報告企業プロジェクトの審議開始当初，あらゆるタイプの組織が含まれるように報告企業を定義すべきであると暫定的に決定したが（IASB[2006a]p.6），その後の審議において，報告企業を包括的に示すには明確な定義よりも広範な説明の方が好ましいとした（IASB[2006b]p.4）。
7) 改訂概念フレームワークでは「非連結財務諸表」とされている。
8) 2008年DP公表前のIASBの一連のボード・ミーティングでは親会社説の採用が決定されていたが（その変遷については小形[2014]を参照），当該DPでは財務報告の目的プロジェクトにおいて提案された企業主体観との整合性を図るために，連結財務諸表をグループ報告企業の観点から作成することが提案された（IASB[2008a]par.115）。
9) 反対意見は次のようなものであった。すなわち，非支配株主や親会社の貸し手にとって連結は有用でなく，経済的単一体説にもとづいて作成された連結財務諸表は一般目的の財務諸表に当たらないこと（IASB[2008b]par.86），世界の多くの地域の実務は企業主体観にもとづいておらず，他の概念フレームワーク・プロジェクトや新基準の開発に相当なインパクトを与える可能性があること（par.90），で

10) また，ある特定の企業には支配されないが，グループとして共通支配されている企業に関しては，結合財務諸表の公表が有用である可能性が指摘されている（IASB[2010a]par.RE 12）。
11) 個別財務諸表の作成が求められるのは，親会社の投資者や債権者に対するリターンが，親会社の将来の正味キャッシュ・インフローに依存しているため，あるいは親会社の債権者には子会社に対する請求権を有していないケースがあるためである（IASB[2015]pars.3.19-3.20）。
12) たとえば，2008年12月公表の連結プロジェクトに関するED（IASB[2008c]）の支配概念を参照。

【参考文献】

小形健介[2014]「報告企業」（日本簿記学会簿記理論研究部会『会計概念フレームワークと簿記—最終報告書—』（部会長：岩崎勇）第3章所収）。
Baxter, G.C. and Spinney, J.C.[1975] "A Closer Look at Consolidated Financial Statement Theory," *CA Magazine*, Vol.106, No.1, pp.31-36.
FASB[1991] *An Analysis of Issues Related to Consolidation Policy and Procedures*, Discussion Memorandum, FASB.
IASB[2004] "IASB Update," October 2004, IASCF.
IASB[2005] "Reporting Entity: Preliminary Staff Research," Information for Observers, 13 December 2005 (2B).
IASB[2006a] "IASB Update," March 2006, IASCF.
IASB[2006b] "IASB Update," September 2006, IASCF.
IASB[2008a] *Preliminary Views on an Improved Conceptual Framework for Financial Reporting: The Reporting Entity*, Discussion Paper, IASCF.
IASB[2008b] "Comment Letter Summary: Discussion Paper" Reporting Entity "(Phase D)," Information for Observers, November 2008(4).
IASB[2008c] *Consolidated Financial Statements*, Exposure Draft, IASCF.
IASB[2010a] *Conceptual Framework for Financial Reporting: The Reporting Entity*, Exposure Draft, IASCF.
IASB[2010b] *The Conceptual Framework for Financial Reporting*, IFRS Foundation.
IASB[2015] *Conceptual Framework for Financial Reporting*, Exposure Draft, IFRS Foundation.
IASB[2018] *Conceptual Framework for Financial Reporting*, IFRS Foundation.
IASB/FASB [2010] "Comment Letter Summary and Plans for Redeliberations," Staff Paper (12).

（小形　健介）

第7章 財務諸表の構成要素

I 序　説

　1989年公表の国際会計基準の概念フレームワーク「財務諸表の作成表示に関する枠組み」改訂を目的として，国際会計基準審議会（IASB）は，「討議資料　財務報告に関する概念フレームワークの見直し」（以下，「討議資料」）を2013年7月に公表し，2015年5月に「公開草案　財務報告に関する概念フレームワーク」（以下，「公開草案」）公表を経て，2018年3月に改訂版「財務報告に関する概念フレームワーク」（以下，「改訂版」）として結実させている。財務諸表構成要素の定義に関しては，「討議資料」が改訂作業の公表化の起点となっている。

　本章の役割は，「財務諸表の構成要素」の特質について，第一に構成要素（資産，負債，持分，収益及び費用）間の「関係性」と，第二に構成要素「各々」の定義の具体的指示内容について，経済的資源の意義に着目しつつ明示することにある。

II 財務諸表構成要素の概観

1 改訂の要旨の一覧（IASBが明示した改訂の要点）

　IASB（IFRS）は，概念フレームワークの各トピックの要旨を示すものとして，「IFRS概念フレームワーク・プロジェクト要旨」も2018年3月に公表している。「IFRS概念フレームワーク・プロジェクト要旨」のうち，本章の主題である構成要素に関連する内容の一部を一覧化して示したものが表7-1である。

　ここでは，表7-1において要約されている要点を確認しておきたい。

第一に，財務諸表構成要素（資産，負債，持分，収益及び費用）の改訂に際して，IASBは，明確な意思をもって資産の定義と別建てで経済的資源の定義を行ったことを強調している。この点は，「討議資料」，「公開草案」の段階から「改訂版」に至るまで一貫している。

表7-1　「財務諸表の構成要素」の改訂の要点（その1）

本章では，財務諸表の5つの要素（資産，負債，持分，収益及び費用）を定義する。		
改訂前の資産の定義 過去の事象の結果として企業が支配し，かつ将来の経済的便益が当該企業に流入すると予測される資源	改訂後の資産の定義 企業が過去の事象の結果として支配する現在の経済的資源 経済的資源は，経済的便益を生み出す潜在能力を有する権利 ※資産の定義と経済的資源の定義が別建て	変更の概要 資産及び負債の定義は精緻化されており，収益及び費用の定義はその精緻化を反映するためにのみ更新されている。すべての負債を控除した後の企業の資産における残余持分としての持分の定義は変更されていない。審議会の持分の特性を有する金融商品に関する研究プロジェクトは，負債と持分の区別を検討している。
資産の定義における主な変更	・経済資源の別建ての定義　－資産が経済的便益の最終的流入ではなく，経済的資源であることを明確にする ・「期待されるフロー」の削除　－経済的便益が生じることを確実にする必要はない ・経済的便益の可能性が低いことは，認識の決定及び資産の測定に影響を及ぼす可能性がある	
改訂前の負債の定義 過去の事象から生じた企業の現在の義務であり，その決済により，経済的便益を有する資源が当該企業から流出することが予測されるもの	改訂後の負債の定義 企業が過去の事象の結果として経済的資源を移転する現在の義務 義務は，企業が回避する実際上の能力を有していない義務又は責任である	実際上の回避能力の無保持 改訂概念フレームワークは，以下の状況において「実際上の回避能力の無保持」規準がどのように適用されるかを論じている。 (a) 企業の通例の慣行，公表した方針または特定の声明から義務または責任が生じた場合，その実務，方針または声明と整合しない方法で行動する実際上の能力を有しない場合，企業は義務を負う。 (b) 企業自体が行う特定の将来の訴訟において，義務または責任が条件付きである場合，その措置を取ることを回避する実際上の能力を有しない場合，企業は義務を負う。
負債の定義における主な変更	・経済的資源の別建ての定義－負債が経済的便益の最終的流出ではなく，経済的資源を移転する義務であることを明確にする ・「期待フロー」の削除－上記の資産と同様の意味合い ・義務を定義するための「実際上の回避能力」規準の導入	
（中略）		
改訂後の収益の定義 持分請求権の保有者からの拠出に関連するものを除き，持分の増加をもたらす資産の増加または負債の減少	改訂後の費用の定義 持分請求権の保有者への分配に関連するものを除き，持分の減少をもたらす資産の減少または負債の増加	収益及び費用は資産及び負債の変動の観点から定義されているが，収益及び費用に関する情報は，資産及び負債の情報と同様に重要である。

（出所）　IASB[2018b]「財務諸表の構成要素」（8-9頁）を一部省略して引用。※は筆者加筆。

第二に，負債の定義が「現在の義務」から「経済的資源を移転する義務」というように，「経済的資源」を鍵として，資産との同根を強調する形に変更されている。

第三に，収益，費用の定義においては，一方で資産負債の増減の観点，他方で持分の増減の観点の両建てで定義されており，この点では，改訂前の定義の方法を基本的に踏襲している。収益及び費用の定義で，直接に持分の増減に言及するところは，他にあまり類を見ない特徴である[1]。結果として，収益及び費用の定義は，資産及び負債の定義の文言変更に順応させる観点に限定して更新されている。

ただし，表7-1で「収益及び費用は資産及び負債の変動の観点から定義されているが，収益及び費用に関する情報は資産及び負債の情報と同様に重要である。」としているように，収益及び費用の重要性を強調している。

周知のように，昨今の会計観の動向には，フロー情報（損益計算書，財務業績の計算書）よりもストック情報（貸借対照表，財政状態計算書）重視の流れがある。その基調に一見反して，今回の「改訂版」では，財務諸表の構成要素について収益，費用項目の復権を強調していることになっている[2]。それは，「利益の測定に直接関係する構成要素は収益及び費用である」（「討議資料」par.2.37），「純損益，OCI合計及び包括利益合計は，財務諸表の構成要素ではない」（「討議資料」par.2.39）等，その他の文言にも確認できる。

それに伴って貸借対照表それ自体に資産負債アプローチによる利益計算機能，別言すれば，財産法的利益計算機能を担わせない方向性が垣間見える。利益計算機能を担うのは財務業績の計算書であり，財政状態表示機能を担うのが財政状態計算書であり，両者の役割分担を謳っている。収益，費用，利得及び損失は，包括利益の内訳にすぎないとする米国のFASB概念フレームワークとは異なった会計観に立脚している部分といえる。

2 構成要素（資産，負債，持分，収益及び費用）の定義，財務諸表の役割と名称

「改訂版」は，構成要素を対象とした第4章の序説において，以下の書き出しから始めている。

「概念フレームワークで定義された財務諸表の構成要素は，次のとおりである。

(a) 報告企業の財政状態に関連する資産，負債及び持分

そして

(b) 報告企業の財務業績に関連する収益及び費用

これらの構成要素は，第1章で論じた経済的資源，請求権，そして経済的資源および請求権の変動に関連しており，表4.1のように定義されている。」(pars. 4.1-4.2)。ここに，表4.1は本章の表7-2であり，後述する。

つまり，「改訂版」は，資産，負債，持分，収益及び費用を，財務諸表の構成要素としている。そして，資産，負債及び持分が，「財政状態」を示す要素であり，収益及び費用が，「財務業績」を示す要素であることを明記している。

これらの構成要素は，具体的には資産，負債及び持分が財政状態計算書 (statement of financial position) に収容されて，収益及び費用が財務業績の計算書 (statement of financial performance) に収容される関係にある。ここに財政状態計算書とは，「改訂前」における貸借対照表である。財務業績の計算書とは，「改訂前」における損益計算書，あるいは「純損益及びその他の包括利益を表示する計算書」である。つまり，主要財務諸表の名称変更を行っている。この点について，上記で示した(a)財政状態，(b)財務業績を示すための計算書であるので，「名は体を表す」状況に変更したとも解されるが，名称変更の賛否を問うこともなく，それは所与のごとく改訂作業が進行した側面がある。

IASC，FASB等のこれまでの概念フレームワークの構成要素 (elements) の定義とその体系は，各財務表（：大分類）それ自体の本質規定（定義）を素通りして，その内訳要素たる資産，負債，持分，収益及び費用等の構成要素（：中

分類）の定義を行う点で共通していた。IASC当時の改訂前の段階では，財政状態（financial position）と業績（performance）等，財務諸表の内容要件を挙げている側面はあるものの，財務表それ自体の定義，概念規定ではない。細目レベルの管理となる個々の勘定科目・項目（items：小分類）が，「資産の定義」という中分類のフィルターの要件を満たす必要性が論議されるのとは対照的である。結果として，構成要素（：中分類）からそれを収容している財務諸表（：大分類）の本質観が間接的に無定義のまま導かれる関係にあったといえる。

この点で，今回の財務諸表の名称変更と，後述する「経済的資源」と「請求権」との対置関係の明示化は，詳細性（細目管理：勘定管理）と概観性（一覧性：財務諸表管理）を具体（：部分）から抽象（：全体）へ階層的に捕捉する包摂関係について，一歩踏み込んだ試みとなっているともいえる。

また，「討議資料」の段階で提案された財務諸表は，(a) 財政状態計算書において：資産，負債及び持分，(b) 純損益及びその他の包括利益の計算書（statement of profit or loss and OCI）において：収益及び費用，(c) 持分変動計算書（statement of changes in equity）において：持分の拠出，持分の分配及び持分のクラス間での振替，(d) キャッシュ・フロー計算書（statement of cash flows）において：キャッシュ・インフロー及びキャッシュ・アウトフローの4つであるとしていた（par.2.5）。今回の「改訂版」においては，(c) 持分変動計算書，(d) キャッシュ・フロー計算書の位置づけが，相対的に後退しているといえる。

「改訂版」で資産，負債，持分，収益及び費用の定義を一覧化したものが表4.1として示されているが，これを引用して掲記したものが表7-2である。

表7-2のように，「公開草案」の段階では，資産の上位階層を「資源」として設定していたものが，「改訂版」で「経済的資源」に変更されている。結果として，「経済的資源」という用語が，資産の要件，かつ上位階層でもあるものとなっている。また，「討議資料」の段階と比較すると，「経済的資源」の内容が，「権利」に集約されている点を指摘しておきたい。

表7-2 財務諸表の構成要素の定義と階層性

第1章で論じた項目	構成要素	「改訂版」の定義
経済的資源 (Economic resource) ※「公開草案」では,「資源」	資産 (Asset)	過去の事象の結果として企業が支配している現在の経済的資源。 経済的資源とは,経済的便益を生み出す潜在能力を有する権利。 ※「討議資料」における経済的資源とは,権利又は他の価値の源泉で,経済的便益を生み出す能力があるもの。
請求権 (Claim)	負債 (Liability)	過去の事象の結果として企業が経済的資源を移転する現在の義務。
	持分 (Equity)	企業のすべての負債除した後の資産に対する残余持分(Residual interest)。
財務業績に影響を及ぼす経済的資源及び請求権の変動	収益 (Income)	持分の増加を生じる資産の増加又は負債の減少(持分請求権の保有者からの拠出に関するものを除く)。
	費用 (Expenses)	持分の減少を生じる資産の減少又は負債の増加(持分請求権の保有者への分配を除く)。
経済的資源及び請求権のその他の変動	―	持分請求権の保有者からの拠出及び当該保有者への分配。
	―	持分の増加又は減少を生じない資産または負債の交換。

(出所) IASB[2018]「改訂版」par.4.2 を引用し,「討議資料」「公開草案」の段階を補足的に一部加筆をして作成[3]。

　米国における概念フレームワークであり,財務諸表の構成要素の定義を示したFASB概念報告書6号では,財務諸表の構成要素として,「資産,負債,持分または純資産,出資者による投資,出資者への分配,包括利益,収益,費用,利得,損失」の10の要素を挙げている。これと対比すると,「改訂版」の構成要素は,貸借複記に根差した簿記上の「取引要素の結合関係」と直結させて想起しやすい体系となっている。見方によっては,主要財務諸表で報告すべき内容を「企業それ自体の期間損益と在高表示」とみるか,「株主の損益・帰属に至る最終顛末まで」とみて,それに準じて構成要素を分割するか,その立脚点

第7章　財務諸表の構成要素

に関する微妙な相違とみることもできる。

3　構成要素の関係性（借方と貸方，ストックとフロー）

(1)　「経済的資源」と「請求権」の対置関係（「目的」からの敷衍）

　上述のように，今回の改訂では，「討議資料」，「公開草案」の段階から「改訂版」に至るまで一貫して，明確な意思をもって資産と経済的資源の定義を別けた点に，一つの重要な意義を見出すことができる。

　「公開草案」の段階からは表7-2のように，さらに構成要素を統括する「経済的資源」と「請求権」とを対置する構造を示している。今回の改訂では，「目的」を基点としてその他の諸事項が体系化されていく関係であることが謳われている。この「目的」は，「改訂版」第1章1.12-1.16項目，第3章3.1項目等でも確認され，これらの記述との整合性を進める形で「経済的資源」と「請求権」の対置関係が踏襲されて，本章の検討対象である第4章「財務諸表の構成要素」においても一貫して示されている側面があると解される。

　ここに目的とは，「改訂版」の冒頭において次のように規定されている。

　「一般目的財務報告書は，報告企業の財政状態に関する情報を提供する。これは，企業の経済的資源及び報告企業に対する請求権に関する情報である。財務報告は，報告企業の経済的資源及び請求権を変動させる取引その他の事象の影響に関する情報も提供する。両方の種類の情報が，企業への資源の提供に関する意思決定に有用なインプットを提供する。」(par.1.12)（波線は，筆者加筆）

(2)　財政状態計算書項目（資産，負債，持分）の等式関係

　ここでは，「経済的資源」と「請求権」の対置関係の明示化の下で，財務諸表の構成要素たる資産，負債，持分，収益及び費用が収容されることになった意義にあらためて着目したい。その際，「経済的資源」を資産の定義とは別建てで行った意義を考慮する必要がある。

　表7-2に示されている「経済的資源」と「請求権」の対置関係は，経済的資源（資産）＝請求権（負債＋持分）の等式関係として理解することができる。

図7-1の分類枠にしたがって示せば，貸借対照表等式（資産＝負債＋持分）と符合する。

図7-1　財務諸表レベルにおける構成要素の関係性の2類型

```
類型1. 貸借対照表等式系統
    資産＝負債＋持分      →負債：資産と対峙する側面
    （経済的資源＝請求権）   ：貸方項目を統一的に把握）（「公開草案」par.4.4）
                 さらに請求権を「現在の義務」と「残余持分」
                 に分類

類型2. 資本等式系統
    資産－負債＝持分      →負債：積極財産に吸収される消極財産の側面
    （「経済的資源」－「経済的資源」移転の現在の義務」＝残余持分）（「討議資料」
    par.2.39）
```

（出所）　IASB[2018]4章の記述をもとに筆者作成）。

　他方で，資産と負債は「経済的資源」，「経済的資源を移転する現在の義務」というように，「経済的資源」という鍵概念を同根として，統括的に捕捉されている側面もある。「経済的資源」のみに着目すると，資産の定義と負債の定義は「経済的資源」概念で貫かれ，「経済的資源」計算，その純額計算を行うための資産と負債の一体把握の視点に繋がる。資産，負債の定義，特に負債が「経済的義務」ではなく，「経済的資源」を移転する現在の義務というように，「経済的資源」に一元化されていること，その定義による捕捉がなされることによって，「経済的資源」を純額で捉える見方により接近しうる状況になっているといえる。上位階層の「経済的資源」と「請求権」を視野に入れなければ，「改訂版」は，資本等式（資産－負債＝持分）系統の立場とも解される。この「経済的資源」による結びつきを重視すれば，図7-1の類型2の解釈に妥当性が与えられることになる。

　すなわち，資産，負債の計算による経済的資源の純額計算と，それに対する請求権として，持分（分類・集約）計算が対峙することになる。この場合の具体的計算機能の一部が，収益費用差額計算として財務業績の計算書経由で行われる関係である。

第7章　財務諸表の構成要素

　類型1と類型2の妥当性は，種々の観点から優先順位を検討することが可能であろうが，おそらくその中心に位置するものは，企業主体論の観点になろう。ここでは，構成要素の結びつきの観点からみて，貸借対照表等式（資産＝負債＋持分），資本等式（資産－負債＝持分）系統の併存的理解が可能な仕組みとなっていることを指摘しておきたい。

(3)　損益関連項目（収益・費用）の持分への作用

　収益・費用の定義については「1989年版」から改訂を行う予定はないという方向性が「討議資料」の段階で示されていたが，事実上，上記の表7-1, 7-2のように，若干の改訂が行われている。

　「1989年版」「改訂版」のいずれもIASBの収益・費用の定義は，持分の増減（したがって「請求権」）への言及と，資産負債の増減（したがって「経済的資源」の純額計算への言及）の二本立ての両面で直接的に言及するものとなっている。

　FASB概念フレームワークの収益・費用の定義が資産・負債の増減の観点に限定されており，請求権（持分）の増減への直接的言及がなく，またその他の文献における収益費用の定義においても，二本立ての言及を行っているものは少ない。

　ヘンドリクセン（Hendriksen, E. S.[1982]）は，この両面定義について，収益の基本的な概念は，それがフローブロセスであるということを明言しつつも，一つの定義の事例として，次のように紹介している[4]。

　「収益は，しばしばまた，株主持分（stockholders' equity）に及ぼす作用の観点から定義される。収益勘定は貸方残高であり，集合損益勘定を介して利益剰余金勘定へと振替えられ，会計期末に締め切られる。したがって，収益は株主持分を増加させる作用がある。しかし，株主持分への純変動が生じる前に，多くの相殺項目（諸費用）が直接的に収益と関連づけられるのである。また，収益と関連しない株主持分の増加の種々の原因も存在する。」

　別言すれば，一般には収益・費用の期間帰属が決定して，その差額としての利益が持分の増加をもたらすという仕組みの説明である。費用収益対応の原則

によって，収益・費用の最終的期間帰属を決定させる。その確定後に，持分への作用が初めて考慮されるという仕組みがいわゆる収益費用アプローチの一般的捉え方と解される。これに対し，収益の発生が即持分の増加をもたらし，費用の発生が即持分の減少もたらすという仕組みが，IASBの収益・費用に関する立場である。これは，従来型の収益費用アプローチにはない構図といえる。FASB型資産負債アプローチの構図でもない。

ただ，収益・費用の持分への作用時点の制約について，明確な言及はないので，一定時点にのみ関わるのか，それとも収益・費用の発生の都度，持分に関わるのかは必ずしも明らかではない。

利益を決定するのが財務業績の計算書（損益計算書系統）であり，経済的資源の在高を決定するのが財政状態計算書（貸借対照表）であるというように，計算書の役割分担の観点を強調した方向性は垣間みえる。しかし，収益費用の計算機能重視に一見傾いているようにみえるが，日々，事象の発生の都度，持分の増減に作用するならば，時点在高比較計算機能を求める計算構造であることが，この点からうかがえるものといえる。また，経済的資源（資産）の変動と，持分の変動の増減を対で捉えると解する方が整合的であろう。

Ⅲ 構成要素の定義の指示内容（具体的例示項目）

1 各国団体における資産の定義の一覧と「取引」の位置づけ

Ⅱ節においては，構成要素間の全体の関係性に焦点を合わせて，その特徴について検討した。本節では，個々の構成要素それ自体について，特に，資産と経済的資源の関係について検討していきたい。

周知のように，FASBの概念フレームワーク以降，財務諸表の構成要素は，資産の定義を基点として，その他の構成要素が定義されている体系が優位の状況にある。IASBが［2006］に公開したワーキングペーパーにおいては，主要各国，各団体における資産の定義を，表7-3のように示している[5]。

表7-3　各国各団体の既存の資産の定義一覧

IASB (IASC)	資産とは，過去の事象の結果として特定の企業が支配し，かつ，将来の経済的便益が企業に流入すると期待される資源をいう。(「改訂前1989年版」パラグラフ49)
FASB	資産とは，過去の取引または事象の結果として，ある特定の実体により取得または支配されている，発生の可能性の高い将来の経済的便益である。(パラグラフ25)
オーストラリア	「資産」は，過去の取引またはその他の過去の事象の結果として，企業に支配されている用役潜在力 (service potential) または将来の経済的便益 (future economic benefits) である。「資産の支配」とは，企業の目的を追求する際に企業が資産から利益を得て，その利益を得るために他のアクセスを拒否または規制することをいう。(パラグラフ14)
カナダ	資産とは，過去の取引または事象の結果として企業が支配する経済的資源であり，将来の経済的便益をもたらすものである。(パラグラフ29)
ドイツ	資産とは，過去の事象の結果として企業によって支配されている資源である。(パラグラフ66)
日本	資産とは，過去の取引または事象の結果として，報告主体 (entity) が支配している経済的資源，またはその同等物である。(パラグラフ4)
ニュージーランド	資産とは，過去の取引またはその他の過去の事象の結果として，企業が支配する用役潜在力 (service potential) または将来の経済的便益 (future economic benefits) である。(パラグラフ7.7)
イギリス	資産とは，過去の取引または事象の結果として，企業が支配する将来の経済的便益に対する権利またはその他のアクセス権である。(パラグラフ4.6)

(出所)　IASB[2006]appendix「既存の資産の定義」より一部抜粋。

　ここでは，「取引」，「経済的資源」の2つの用語について着目してみたい。まず「取引」用語に関連して，資産の定義の文言に，「取引」と「事象」という2つの要件が含まれるものと，「取引」の用語がみられないものがある。IASBの定義は，IASC時代の改訂前1989年版から，その定義文の中に「取引」という用語を含んでいない。

　取引という用語には相手方が存在する「取引当事者間」の「当初取引」という当初認識かつ当初測定の意味合いが否応なく想起される側面がある。まさに

取引価額主義であり，損益測定における収支額基礎，収支主義である[6]。IASBの計算体系は，この点では，「収支主義を基盤とする計算構造からの拡張」，「取引概念の拡張」ではなく，その存在感の縮小化の進行をみることができる。「取引」基礎の会計から「経済的資源」変動基礎の会計へ可能な限り転換したい指向が垣間見える[7]。

この点について，Storey, R. K., & Storey, S.［1998］では，取引，事象に次のように言及している[8]。

「実体に影響を与える取引，その他の事象および環境要因は，資産，負債および持分の変動の源泉または原因を記述するために概念フレームワークを通じて使用されている慣用句である。財務諸表に反映される現実世界の出来事は，事象および環境要因の2つに分類される。それらは，さらに以下の階層構造に分類される。」として，取引を事象の内訳要素の一つとして，次の階層性で示している。

図7-2　取引，事象及び環境要因の関係性

```
事象
    取引
        交換
        一方的移転
    その他の外部的事象
    内部的事象
環境要因
```

（出所）　Accountants' Handbook 第11版，p.2, 96 をもとに作成。

Storey, R. K., & Storey, S.［1998］の捉え方が，今回の「改訂版」に採用されたというものではないが，一考に値する一つの傾向といえよう。

次に，「経済的資源」に関連してであるが，今回の「改訂版」と同様に，「資源」または「経済的資源」をその定義中に示しているものも多い。各国，団体の基準が統合化に向かう昨今において，この「経済的資源」の具体的内容をどのように定めているかが問題である。「経済的資源」の具体的内容に言及した

重要な先行資料に，米国のAICPA［1970］のAPBステートメント第4号が挙げられる。次節において，「経済的資源」のその実に大きな相違があることを確認してみたい。

2 経済的資源の指示内容の比較（「討議資料」とAPBステートメント4号）

「改訂版」においては，「経済的資源」の例示列挙等は権利に集約されて「討議資料」から簡素化されて示されている。「改訂版」と「討議資料」の基本的捉え方に大差はない。ここでは，APBステートメント4号における「経済的資源」と対比的に検討したい。

「経済的資源」に関する言及箇所を2つの資料で対比的に表示すると，表7-4のようになる。

表7-4 APBステートメント4号と「討議資料」の対比

APBステートメント4号	「討議資料」
経済的資源とは，経済活動を行うために入手可能な，量的に制限された手段（必要な使用量との関係からみて，供給に制限のある手段）である。 1．生産資源 　これらの資源は，企業の生産物を生産するために企業の使用する手段である。 　a．企業の生産資源 　　これには，原材料，工場の土地建物，機械設備，天然資源，特許権及び同種の無体財産権，のれん，用役，生産に用いられるその他の資源が含まれる。 　b．生産資源に対する契約上の権利 　　これには，他の企業（個	経済的資源とは，権利又は他の価値の源泉で，経済的便益（economic benefits）を生み出す能力があるもの。 経済的資源は，さまざまな形態を取る場合がある。 (a) 契約，法律又は類似の手段により設定された強制可能な権利，例えば， 　(i) 金融商品（負債証券に対する投資又は持分投資など）から生じる強制可能な権利 　(ii) 物体（有形固定資産など）に対する強制可能な権利。こうした権利には，物体の所有，物体を使用する権利，リースされた物体の残存価値に対する権利などが含まれる可能性がある。 　(iii) 権利の保有者が権利の行使を選択する場合（基礎となる経済的資源を取得するオプション）又は権利の行使を要求される場合（基礎となる経済的資源を購入する先渡契約）に，他の経済的資源を受け取る権利。例としては，他の資産を受け取るオプション，他の資産を

経済的資源	人も含む）の資源を使用する権利，並びに他企業より原材料や動産・不動産を入手する権利が含まれる。他企業の資源に対する契約上の権利は，財貨や用役が使用された時点，あるいは入手された時点，もしくはその直後において，支払がなされるという相互契約の形で発生することが多い。 2．生産物 　これらの資源は，企業の産出物であり，(a) 交換を待機している物財と，(b) 依然として生産過程に留まっている半完成の物財とから成っている）。 3．貨幣 4．貨幣を入手する請求権 5．他企業に対する所有主持分 （AICPA［1970］par. 57）	売買する先渡契約における正味の権利，企業がすでに支払をしたサービスを受け取る権利などがある。 　(iv) 他の者の待機義務から便益を得る強制可能な権利（3.70項及び3.71項参照） 　(v) 強制可能な知的財産権（例えば，登録された特許） (b) 他者の推定的義務から生じる権利（3.39項から3.62項参照） (c) 価値の他の源泉（経済的便益を生み出す能力がある場合）。こうした経済的資源の例として，次のようなものがある。 　(i) ノウハウ 　(ii) 顧客名簿 　(iii) 顧客及び仕入先との関係 　(iv) 既存の労働力 　(v) のれん。IASBは，IFRS第3号「企業結合」に関する結論の根拠のBC 313項からBC 323項で，のれんは資産の定義を満たすと結論を下している。しかし，本ディスカッション・ペーパーの4.9項(c)では，自己創設のれんを認識することは目的適合性のある情報を提供しないと説明している。 (d) 受取時に直ちに消費される一部の資産（特に，多くのサービス）（par. 3.5）

　APBステートメント4号では，「経済的資源」の例示列挙が1．生産資源（企業の生産物を生産するために企業の使用する手段），2．生産物（企業の産出物），3．貨幣，4．貨幣を入手する請求権，5．他企業に対する所有主持分である。

　これに対し，「討議資料」では，(a) 契約，法律又は類似の手段により設定された強制可能な権利，(b) 他者の推定的義務から生じる権利，(c) 価値の他の源泉（経済的便益を生み出す能力がある場合），(d) 受取時に直ちに消費される一部の資産（特に，多くのサービス）である。

　APBステートメント4号と「討議資料」の「経済的資源」の相違点の要点を確認すると，次の点が指摘できる。

第1に,前者(APBステートメント4号)では,現金,現金同等物の貨幣性資産,物的資産,無形資産,外部投資資産,すなわち現行の貸借対照表の配列を想起して具体的に容易に類推できるのに対し,後者(「討議資料」)は,抽象化の度合いが強く,表示上の配列からみる秩序性,規則性を読み解くことは難しい。表示上の分類問題に留まらず,収入額基礎,支出額基礎といった測定上の分類とのパラレル関係を有するか否かの意味とも関連する。

第2に,前者が,貨幣と,貨幣からの形態変化(資産取得と費消)で測定基礎との関連づけが想起可能なのに対し,後者は特定の測定基礎との関連性が判別しづらい。「討議資料」と「公開草案」にも金融商品が例示列挙されてはいるが,この場合では,貨幣項目と支出・未収入項目(貸付金)等の判別が困難となる。したがって,収支主義ないし測定対価主義の延長線上で会計構造を捕捉することを前提としない仕組みに変貌していることになる(取引捕捉が容易なものは,当然に捕捉され,貨幣項目による捕捉を排除するものではない。信用決済に包摂される現金決済,そして信用決済の拡張の可能性である)。

すなわち,APBステートメント4号は,経済的資源の指示内容に,貨幣の形態変化,すなわち貨幣的循環の側面から財務諸表を一元的に説明することが可能な要素を示しているといえる。「経済的資源」に貨幣項目を記載して貨幣収支循環で説明が容易なAPBステートメント4号から,支払手段目的の貨幣項目を明記しない「討議資料」への変化の構図である。

第1と第2の点を換言すると,APBステートメント4号では,表示上の分類と測定上の分類,指示内容に,貨幣の形態変化面である程度の同調性がある。したがって,貨幣の支払手段機能と価値測定尺度機能の2つの役割を下支えする指示内容,すなわち貨幣収支計算ないし貨幣循環に即応する内容となっている。他方,「討議資料」では,貨幣動態,財貨動態[9]のいずれとも結びつきづらく,貨幣項目の対流関係で捕捉する方向性が著しく減退している。この点で,収益費用アプローチとは別の体系へ移行した具体的事例であり,それは同時に資産負債アプローチの計算体系に類するものであることの証左でもある。貨幣性は,価値測定尺度機能,すなわち計算の公分母機能のみを下支えする指示内

容の段階に至っていると解することもできる。非貨幣項目同士の交換取引を例外扱いとしない仕組みにもなりうる。決済の多様化に対応しやすいが，収支概念の拡張ではもはやない。制度会計における決済手段，決済機能の再定義の必要性も実感させられるところである[10]。

第3に，前者が経営資源（ヒト，モノ，カネ，及び情報・技術）のうち，ヒト資源が除外されているのに対し，後者には，(c)(iv) 既存の労働力のようにヒト資源が考慮されていた（ただし，APBステートメント4号における「用役」の意味についてもさらなる検討の必要がある）。それでも，APBステートメント4号では，収益費用計上における収支主義，資産については取得原価主義と結びつき，結果として測定面を定性的に支える機能を内包していたことが指摘できる。

第4に，APBステートメント4号では，資産に対して「経済的資源」，負債に対しては直接「経済的義務」とパラレル関係であるのに対し，「討議資料」では，資産，負債をともに「経済的資源」，「経済的資源を移転する現在の義務」というように「経済的資源」との関係のみで定義づけを行っている。このことは，資産と負債の統一的加法性の論理，純額で捕捉する指向性に繋がると解される。他方で上述したように，負債については請求権（さらに，義務の側面）としても規定している。負債の定義の二面性が垣間見える。

最後に，「討議資料」から修正を経るごとに，経済的資源の指示内容が権利に集約・簡素化された点を強調しておきたい。また，本章では明記していないが「改訂版」の段階で権利の内容に「(i)現金（cash）を受け取る権利」が明示されている。

3　会計単位の選択

II節の表7-1でみた「IFRS概念フレームワーク・プロジェクト要旨」のうち，表7-1に示したもの以外の他の言及は，会計単位についてである。その内容を示すと，表7-5のとおりである。表7-5は，表7-1の（中略）に該当する部分である。

表7-5 「財務諸表の構成要素」の改訂の要点（その2）

会計単位	認識規準及び測定概念が適用される権利または義務，または権利及び義務のグループ		未履行契約 未履行契約は，同等に履行されていない契約である。それは，経済的資源を交換するための分離不可能な複合的権利と義務に関する単一の資産または負債を設定する。 契約の実質 契約上の権利と義務を忠実に表現するために，財務諸表はその実質を報告しなければならない。場合によっては，そのような権利と義務の実質は，契約の法的形式から明らかである。 しかし，他の場合には，契約の条項，またはグループまたは一連の契約の条項は，権利と義務の実質を識別するための分析を必要とする場合がある。
	会計単位の選択		
	目的適合性 ・資産または負債，そして収益及び費用に関連する情報を提供するために会計単位が選択される	忠実な表現 ・資産，負債及び関連する収益または費用が発生した取引またはその他の事象の実質を忠実に表現するために会計単位が選択される	

（出所） IASB［2018b］「財務諸表の構成要素」（8頁）を一部省略して引用。
※は筆者加筆。

　表7-5にみられる用語のうち，目的適合性，忠実な表現等は，いわゆる質的特性のトピックとして，そして会計単位（勘定単位）は，企業をみる主体論的な側面でよく現れるものである。さらに，未履行契約については，一般に認識（期間帰属の決定と計上範囲の選択）問題として扱われるものである。今回，これらの用語が，構成要素の章に登場してきている。これらは，各章の内容が相互に関連しあっていることを推し進める側面がある。ただ，どのように関わっていて，なぜ関わらせる必要があるのかは，各章，トピックとの関連の中でさらに検討する必要があると解される。

Ⅳ　結　　論

　本章の役割は，「財務諸表の構成要素」の特質について，第一に構成要素（資産，負債，持分，収益及び費用）間の「関係性」と，第二に構成要素「各々」の

定義の具体的指示内容について，経済的資源の意義に着目しつつ明示することにあった。

本章で行ったことは，次のとおりである。

第1に，財務諸表構成要素の改訂の概観をみる目的で，「IFRS Conceptual Framework Project Summary March 2018」を用いて，IASB自体が重要視した改訂内容の明示を行った。

そこでは，財務報告の目的を起点として，構成要素の関係性について，「経済的資源」と「請求権」の対置関係と，資産，負債及び持分の定義の特徴の検討を行った。

さらに，損益関連項目（収益・費用）の定義に「持分」へのかかわりを含むIASB概念フレームワークの特徴について言及した。

そして，「経済的資源」の具体的指示内容について，APBステートメント4号との対比によって「改訂版」におけるその特徴を浮き彫りにした。

第2に，各国各団体の既存の資産の定義を一覧化によって概観し，「取引」の位置づけについて言及した。

最後に，会計単位の選択，質的特性等，従来ならば他の項目として取り上げられているはずのトピックも，この構成要素と関連するテーマとしてさらに検討する必要性の状況について言及した。

〔注〕
1) この点については後述するが，詳細については，徳山[2019]を参照されたい。
2) 詳細については，徳山[2014]，徳山[2015]，徳山[2017b]を参照されたい。
3) 「討議資料」「公開草案」の訳出に際しては，IFRS財団公表の日本語版訳を参照している。その他の文献についても訳出のあるものについては参照している。
4) Hendriksen, E. S.[1982], p.173引用。
5) 土方編著[1994]において，各国の動向について検討されているので，参照されたい。
6) 取引価額主義，収支主義については，森川[1991], 93頁を参照されたい。
7) 詳細につては，徳山[2017a]を参照されたい。
8) Storey, R. K., & Storey, S.[1998], p.2・96を参照されたい。
9) 貨幣動態，財貨動態の詳細については，井上[1990]を参照されたい。

10) この点については，収益認識基準との整合性を考慮して検討する必要があると解される。その検討の一部については，徳山[2019]を参照されたい。

【参考文献】

青柳文司[1974]『現代会計学』同文舘出版。
井上良二[1990]「制度会計論の二つの基本的視点」『JICPAジャーナル』No.424, 19-24頁。
岩崎　勇[2014]「IASBの概念フレームワークについて—2013年討議資料等を中心として—」『産業経理』Vol.74 No.1, 16-26頁。
岩崎　勇[2016]「概念フレームワークと計算構造について：IASBの新しい概念フレームワークを中心として」『經濟學研究』九州大学経済学会, 105-146頁。
鳥村剛雄[1976]『資産会計の基礎理論』中央経済社。
徳山英邦[2014]「概念フレームワークにおける財務諸表の構成要素—包括利益を構成要素としない意味—」岩﨑勇編『会計概念フレームワークと簿記—最終報告書—』日本簿記学会簿記理論部会。
徳山英邦[2015]「財務諸表構成要素の定義における経済的資源の含意—IASB概念フレームワークの方向性—」『帝京経済学研究（帝京大学）』49巻2号, 171-184頁。
徳山英邦[2017a]「利益決定貸借対照表と資源決定財政状態計算書の役割—FASBとの対比でみるIASB概念フレームワークの方向性—」『會計』第192巻3号, 296-307頁。
徳山英邦[2017b]「会計システムにおける二元性（双対性）原理—IASB概念フレームワークにおける経済的資源」『帝京経済学研究（帝京大学）』49巻2号, 171-184頁。
徳山英邦[2019]「IASB/IFRS体系下における収益・費用概念の特質—会計行為（認識, 測定, 伝達）の定義の変容と関連して—」『産業経理』Vol.78 No.4, 64-73頁。
中村　忠[1969]『資本会計論』白桃書房。
中村　忠[2005]『新稿現代会計学〔九訂版〕』白桃書房。
土方久編著[1994]『貸借対照表能力論』税務経理協会。
森川八洲男[1991]『財務会計論〔改訂版〕』税務経理協会。
AICPA[1970] Accounting Principles Board, *APB Statement No. 4 : Basic Concepts and Accounting Principles Underlying Financial Statements of Business Enterprises*, 1970.（川口順一訳『アメリカ公認会計士協会・企業会計原則』同文舘出版, 1973年）。
FASB[1976] Discussion Memorandum, *An analysis of Issues Related to Conceptual Framework for Financial Accounting and Reporting : Elements of Financial Statements and Their Measurement.*（津守常弘監訳『FASB財務会計の概念フレームワーク』中央経済社, 1997年）。
FASB[1985]：FASB, *Elements of Financial Statements*, Statement of Financial Accounting Concepts, Accounting Standards.（平松一夫・広瀬義州訳『FASB財務会計の諸概念（増補版）』中央経済社, 2002年）。

FASB[1976] Discussion Memorandum, *An analysis of Issues Related to Conceptual Framework for Financial Accounting and Reporting*: *Elements of Financial Statements and Their Measurement*. (津守常弘監訳『FASB財務会計の概念フレームワーク』中央経済社, 1997年)。

FASB[1985] Statement of Financial Accounting Concepts No.6, *Elements of Financial Statements*. (平松一夫・広瀬義州訳『FASB財務会計の諸概念 (増補版)』中央経済社, 2002年)。

Hendriksen, E. S.[1982]: *Accounting Theory*, Fourth. ed. RICHARD D, IRWIN, INC, p.173.

IASB[2006] Information for Observers *World Standard Setters Meeting*, *September 2006, London Agenda Paper 1A: Conceptual Framework Asset Definition*.

IASB[2013] Discussion Paper, *A Review of the Conceptual Framework for Financial Reporting*, July 2013. (ディスカッション・ペーパー「財務報告に関する概念フレームワークの見直し」)。

IASB[2015] Exposure Draft ED/2015/3/ *The Conceptual Framework for Financial Reporting*, May 2015. (「公開草案 財務報告に関する概念フレームワーク」)。

IASB[2018a] *The Conceptual Framework for Financial Reporting*, March 2018.

IASB[2018b] IFRS Conceptual Framework Project Summary March 2018 Conceptual Framework for Financial Reporting

IASC[1989] International Accounting Standards Committee, *Framework for the Preparation and Presentation of Financial Statements*, 1989. (国際会計基準委員会訳:『財務諸表の作成表示に関する枠組み』)。

Storey, R. K., & Storey, S.[1998] *FASB Special Report*: *The Framework of Financial Accounting Concepts and Standards*. Accountants' Handbook -11th, Wiley 2007 所収 (企業財務制度研究会訳[2001]『財務会計の概念および基準のフレームワーク』中央経済社。

(徳山　英邦)

第8章　財務諸表の構成要素の認識

I　序　　　説

　国際会計基準委員会（IASC）は1989年7月に『財務諸表の作成及び表示に関するフレームワーク』（以下，1989年『概念フレームワーク』）（IASC[1989]）を制定した。その後，IASCは2001年4月に国際会計基準審議会（IASB）に組織変更されたが，概念フレームワークについてはそのまま踏襲されていた（以下，2001年『概念フレームワーク』）（IASB[2001]）。

　そして，2004年10月に，IASBは米国財務会計基準審議会（FASB）と概念フレームワークの改訂プロジェクトを共同で立ち上げ，共同プロジェクトの成果として，2010年9月にフェーズAに関する改訂概念フレームワーク（以下，2010年『概念フレームワーク』）（IASB[2010]）を公表した。しかし，その後この共同プロジェクトは「休止」され，フェーズB以下の作業は将来の課題として先送りされることになった。

　ところが，IASBは2012年5月に単独で概念フレームワーク・プロジェクトの「再開」を決定し，2013年7月には討議資料『財務報告に関する概念フレームワークの見直し』（以下，2013年『討議資料』）（IASB[2013]）を，2015年5月には公開草案『財務報告に関する概念フレームワーク』（以下，2015年『公開草案』）（IASB[2015a]）を，そして，2018年3月には『財務報告に関する概念フレームワーク』（以下，2018年『概念フレームワーク』）（IASB[2018a]）を公表したのである。

　そこで，本章においては，1989年『概念フレームワーク』（2001年『概念フレームワーク』），2015年『公開草案』及び2018年『概念フレームワーク』を取り上げ[1]，そこにおける「財務諸表の構成要素の認識」に係わる記述の変遷を

跡づけることにする。そしてそのことによって，2010年『概念フレームワーク』における改訂が「財務諸表の構成要素の認識」に係わるその後の議論に与えた影響について明らかにすることにする[2]。

II 「財務諸表の構成要素の認識」に係わる記述

2010年『概念フレームワーク』における改訂を受け，IASBは「現行の『概念フレームワーク』についていくつかの問題点を識別」し，それらの「問題についての初期的な意見及びコメントを得る」ことを目的として，2013年『討議資料』を公表した（IASB[2013]Summary and invitation to comment）。そしてそこでは，「財務諸表の構成要素の認識」に係わる問題も取り上げられており，しかも，IASBはそこにおいて「企業はすべての資産及び負債を認識すべきか」という問題提起を行い，(1)蓋然性，(2)目的適合性及びコストの制約，(3)忠実な表現，(4)補強的な質的特性の四つの事項について，それに言及する認識規準を改訂後の「概念フレームワーク」に含めるべきかどうかを論じていた（IASB[2013]par.4.7）。

そしてその結果として，IASBは(1)認識規準，(2)目的適合性のある情報を提供しない可能性に関するガイダンスについて予備的見解を示していた（IASB[2013]pars.4.24-4.27）。

そこで次に，この予備的見解で示されていた項目について，1989年『概念フレームワーク』（2001年『概念フレームワーク』），2015年『公開草案』及び2018年『概念フレームワーク』における記述を見ていくことにする。

1 認識規準に係わる記述

1989年『概念フレームワーク』（2001年『概念フレームワーク』）（IASC[1989]（IASB[2001]））においては，ある項目が構成要素の定義を満たし，かつ，(1)当該項目に関連する将来の経済的便益が企業に流入するか又は企業から流出する蓋然性が高く，(2)当該項目が信頼性をもって測定することのできる原価又

は価値を有している場合に，認識しなければならないとされている（par.83）。しかし，ある項目がこれらの認識規準を満たしている場合に，それが財務諸表で認識される項目であるかどうかを評価するにあたっては，重要性の考慮事項に注意を払う必要があるとしている（par.84）。

それに対して，2015年『公開草案』（IASB[2015a]）においては，構成要素の定義を満たす項目を認識しないと，財政状態計算書と財務業績の計算書の完全性が低下し，有用な情報を財務諸表から除外する可能性があるし，他方，状況によっては，構成要素の定義を満たす項目の一部は，認識すると有用でない情報を提供する可能性があるとして，企業が，資産又は負債（及び関連する収益，費用又は持分の変動）を認識するのは，そうした認識が財務諸表利用者に，(1)当該資産又は負債及び収益，費用又は持分の変動に関する目的適合性のある情報，(2)当該資産又は負債及び収益，費用又は持分の変動の忠実な表現，(3)当該情報の提供コストを上回る便益をもたらす情報，を提供する場合であるとする（par.5.9）。

一方，2018年『概念フレームワーク』（IASB[2018a]）においては，構成要素の一つの定義を満たす項目を認識しないと，財政状態計算書と財務業績の計算書の完全性が低下し，有用な情報を財務諸表から除外する可能性があるし，他方，状況によっては，構成要素の一つの定義を満たす項目の一部は，それを認識しても有用な情報を提供しない可能性があるとして，資産又は負債が認識されるのは，当該資産又は負債及び結果として生じる収益，費用又は持分の変動の認識が財務諸表利用者に有用である情報，すなわち，(1)当該資産又は負債及び結果として生じる収益，費用又は持分の変動に関する目的適合性のある情報，(2)当該資産又は負債及び結果として生じる収益，費用又は持分の変動の忠実な表現，を提供する場合のみであるとしている（par5.7）。しかし，他の財務報告の決定をコストが制約するのとまさに同様に，コストはまた認識の決定を制約するとしており，そのことから，資産又は負債が認識されるのは，認識によって財務諸表利用者に提供される情報の便益が当該情報を提供し利用するコストを正当化するのに十分である場合であるとする（par.5.8）。

2 目的適合性のある情報を提供しない可能性に関するガイダンスに係わる記述

　1989年『概念フレームワーク』(2001年『概念フレームワーク』)(IASC[1989] (IASB[2001]))においては，ガイダンスに係わる記述は行われていない。

　それに対して，2015年『公開草案』(IASB[2015a])においては，資産，負債，持分，収益及び費用に関する情報は，財務諸表利用者にとって目的適合性があるが，(1)資産が存在するのかどうか若しくはのれんから分離可能なのかどうか，又は負債が存在するのかどうかが不確実である場合，(2)資産又は負債が存在するが，経済的便益の流入又は流出が生じる蓋然性が低いものでしかない場合，(3)資産又は負債の測定が利用可能である（又は入手できる）が，測定の不確実性のレベルが非常に高いため，もたらす情報にほとんど目的適合性がなく，他の目的適合性のある測定値が利用可能でなく入手可能でもない場合には，認識によって目的適合性のある情報が提供されない可能性があるとしている(par.5.13)。そしてそれを受けて，測定の不確実性について，多くの場合，測定は見積りをしなければならず，不確実性に晒されているが，合理的な見積りの使用は財務諸表の作成の不可欠な一部であり，見積りである金額がそのように記述され，重要性がある場合に，不確実性の性質及び程度が財務諸表注記に開示されている場合には，忠実な表現が達成され，財務諸表の有用性を必ずしも損なうものではないとする(par.5.20)。しかし，一部の見積りについては，測定の不確実性のレベルが高いと，見積りを適切に記述し開示したとしても，測定が目的適合性のある情報を提供しない可能性があるとして，(1)考え得る結果の範囲が極端に広く，それぞれの結果の確率を見積ることが異常に困難である場合，(2)経済的資源又は義務の測定に，測定しようとする項目だけに関連するものではないキャッシュ・フローの異常に困難な配分又は非常に主観的な配分が必要となる場合，をあげている(par.5.21)。

　一方，2018年『概念フレームワーク』(IASB[2018a])においては，資産，負債，持分，収益及び費用に関する情報は，財務諸表利用者にとって目的適合性

第8章　財務諸表の構成要素の認識

があるが，特定の資産又は負債及び結果として生じる収益，費用又は持分の変動の認識によって目的適合性のある情報が常に提供されうるわけではないとして，その例として，(1) 資産又は負債が存在するのかどうか不確実である場合，(2) 資産又は負債が存在するが，経済的便益の流入又は流出の蓋然性が低い場合，をあげることができるとしている（par.5.12）。また，特定の資産又は負債の認識は，それが目的適合性のある情報を提供するだけではなく，当該資産又は負債及び結果として生じる収益，費用又は持分の変動の忠実な表現を提供する場合に，適切であるとして，忠実な表現が提供されうるかどうかは，資産又は負債に関する測定の不確実性のレベルあるいは他の要因によって影響を与えられる可能性があるとする（par.5.18）。そしてそれを受けて，多くの場合，測定値は見積りをしなければならず，それゆえ測定の不確実性に晒されているが，合理的な見積りの使用は財務情報の作成の不可欠な一部であり，見積りが明瞭かつ正確に記述され説明されている場合には，情報の有用性を損なうものではないとしている（par.5.19）。しかし，一部の場合には，資産又は負債の測定値の見積りに伴う不確実性のレベルが非常に高いため，その見積りが当該資産又は負債及び結果として生じる収益，費用又は持分の変動の十分に忠実な表現を提供するかどうか疑わしくなる可能性があるとして，(1) 資産又は負債の測定値を見積る唯一の方法がキャッシュ・フローを基礎とした測定技法を用いる場合であって，(2) ① 考え得る結果の範囲が異常に広く，それぞれの結果の確率を見積ることが異常に困難である，② 異なる結果の確率の見積りにおける小さな変動によって，測定値が異常に敏感に動く，③ 資産又は負債の測定に，測定しようとする資産又は負債だけに関連するものではないキャッシュ・フローの異常に困難な配分又は非常に主観的な配分が必要となる，という状況の一つ又は複数が存在する場合を，測定の不確実性のレベルが非常に高くなる可能性がある場合としてあげている（par.5.20）。

Ⅲ 「財務諸表の構成要素の認識」に係わる記述の変遷

1 2010年『概念フレームワーク』における改訂とその後の展開[3]

2010年『概念フレームワーク』においては,「一般目的財務報告の目的」(第1章) 及び「有用な財務情報の質的特性」(第3章) に関してのみ改訂が行われていた。しかし,2010年『概念フレームワーク』の改訂については,その後そこにおける「受託責任」,「信頼性」及び「慎重性」の取扱いをめぐり懸念が提起されていた (IASB[2013]par.9.4)。

(1) 「一般目的財務報告の目的」に関する改訂

1989年『概念フレームワーク』(2001年『概念フレームワーク』)(IASC[1989])(IASB[2001]))においては,財務諸表利用者には,現在の及び潜在的な投資者,従業員,融資者,仕入先及びその他の取引業者,得意先,政府及び監督官庁並びに一般大衆が含まれる (par.9) とした上で,財務諸表の目的は,広範な利用者が経済的意思決定を行うにあたり,企業の財政状態,経営成績及び財政状態の変動に関する有用な情報を提供することにある (par.12) とすると共に,財務諸表はまた経営者の受託責任又は経営者に委ねられた資源に対する会計責任の結果も表示するとしていた (par.14)。

それに対して,2010年『概念フレームワーク』(第1章)(IASB[2010])においては,一般目的財務報告の目的は,現在の及び潜在的な投資者,融資者及びその他の債権者が企業への資源の提供に関する意思決定を行う際に有用な,報告企業についての財務情報を提供することである (par.OB2) として,将来の正味キャッシュ・インフローに関する企業の見通しを評価するために,現在の及び潜在的な投資者,融資者及びその他の債権者が必要としているのは,企業の資源,企業に対する請求権,及び企業の経営者や統治機関が企業の資源を利用する責任をどれだけ効率的かつ効果的に果たしたかに関する情報であるとし

ている（par. OB 4）。

　このことから，ここにおいては，意思決定有用性アプローチという基本的枠組みの中で，従来から二次的に取り扱われていた「受託責任の遂行」という財務報告目的が，明確な形で情報提供目的という枠組みの中に包摂されるに至っていることが明らかになる。すなわち，二次的とはいえ個別の財務報告目的として取り扱われていた「受託責任の遂行」という目的が，ここにおいては意思決定を行うための必要な情報の一つと位置づけられているといえるのである（高須[2014]138頁）。

(2) 「有用な財務情報の質的特性」に関する改訂

　1989年『概念フレームワーク』（2001年『概念フレームワーク』）（IASC[1989]（IASB[2001]））においては，情報が有用であるためには，それは，意思決定のための利用者の要求にとって目的適合的なものでなければならず（par. 26），また，信頼しうるものでなければならない（par. 31）として，「目的適合性」と「信頼性」をその質的特性としてあげていた。

　それに対して，2010年『概念フレームワーク』（第3章）（IASB[2010]）においては，財務情報を有用にさせる基本的な質的特性は，「目的適合性」と「忠実な表現」であるとしている（par. QC 5）。そして，忠実な表現であるためには，描写は三つの特性を有し，それは，「完全」で，「中立的」で，「誤謬がない」ということであるとする（par. QC 12）。しかも，完全な描写は，描写しようとしている現象を利用者が理解するのに必要なすべての情報（すべての必要な記述及び説明を含む）を含むとした上で，例えば，ある資産グループの完全な描写は，最低限，当該グループの資産の内容の記述，当該グループの資産のすべての数値的描写，及びその数値的描写が何を表しているか（例えば，当初の原価，修正後の原価又は公正価値）の記述を含むことになり，また，一部の項目については，完全な描写には，当該項目の特質及び内容に関する重要な事実，それらの特質及び内容に影響を与える可能性のある要因及び状況，並びに数値的描写を決定するのに使用したプロセスなどが含まれることもあるとしている（par. QC 13）。

そして、このことが、「受託責任の遂行」という財務報告目的が情報提供目的に包摂されたことを受けて行われたものであると考えると、これは市場価格による評価のみならず、さらには割引キャッシュ・フロー法や価格決定モデルを用いた理論価格による測定に途を開くものといえるのである（高須[2014]139頁）。

(3) 「一般目的財務報告の目的」及び「有用な財務情報の質的特性」をめぐるその後の展開

IASBは、2012年に概念フレームワーク・プロジェクトに関する作業を再開したとき、2010年『概念フレームワーク』について、(1)それは広範なデュー・プロセスを経たものであり、(2)その根本的な再検討が重大な変更につながると考える理由がないことをあげて、根本的な再検討を行わないことを決定していた（IASB[2013]par.9.2）。しかし、一部の人々は、そのIASBの決定について、特に「受託責任」、「信頼性」及び「慎重性」の取扱いをめぐり懸念を提起していた（IASB[2013]par.9.4）。

そこで、IASBは、2013年『討議資料』に対する多くのコメント提出者がこれらの一つ又は複数の側面について再検討すべきであると述べていたことから、2015年『公開草案』において、(1)財務報告の全体的な目的の議論の中で、企業の資源に係る経営者の受託責任を評価するために必要とされる情報を提供することの重要さをもっと目立たせること、(2)慎重性の概念への明示的な言及を再び導入し、慎重性が中立性の達成のために重要である旨を記述すること、(3)忠実な表現は、単に経済的現象の法的形式を表現するのではなく、経済的現象の実質を表現するものであることを明示的に記載すること、を提案するとした（IASB[2015a]p.9）。

そして、そこにおいて、IASBは「受託責任」という用語をそれが何を含んでいるのかの記述と共に再び導入しているのであるが（IASB[2015b]par.BC1.9）、経営者の受託責任を評価するのに役立つ情報の提供を追加的な同等に重要な財務報告の目的として識別するという考え方は棄却している（IASB[2015b]par.

BC 1.10)。また，IASBは注意深さとしての慎重性として定義した「慎重性」という用語を再び導入しているのであるが（IASB［2015b］par.BC 2.10），すべての状況において非対称の慎重性を適用するというアプローチは棄却している（IASB［2015b］par.BC 2.14）。さらに，IASBは，「信頼性」という用語を，現在は「忠実な表現」と呼んでいる質的特性の呼称として復活することはしないとしている（IASB［2015b］par.BC 2.24）。これらのことから，2015年『公開草案』においては，2010年『概念フレームワーク』における立場が相変わらず堅持されていることが明らかになる。ただし，ここにおいては，「測定の不確実性」をめぐりトレードオフ関係が存在していることを明確にしている（IASB［2015a］par.2.13）[4]。そしてこれらの立場は，2018年『概念フレームワーク』においても基本的に踏襲されているのである（IASB［2018a］）。

2　2010年『概念フレームワーク』の改訂を受けて行われた「財務諸表の構成要素の認識」に係わる記述の変遷

(1) 認識規準に係わる記述の変遷

ここにおいては，1989年『概念フレームワーク』（2001年『概念フレームワーク』），2015年『公開草案』及び2018年『概念フレームワーク』においてあげられている認識規準について比較検討することにする。そして，その結果を示したのが次の表8-1である。

表8-1　認 識 規 準

	主たる認識規準	副次的認識規準
1989年『概念フレームワーク』（2001年『概念フレームワーク』）[注]	(1) 当該項目に関連する将来の経済的便益が企業に流入するか又は企業から流出する蓋然性が高いこと (2) 当該項目が信頼性をもって測定することのできる原価又は価値を有していること	重要性の考慮事項に注意を払う必要があること
2015年『公開草案』	(1) 財務諸表利用者に，資産又は負債及び収益，費用又は持分の変動に関する目的適合性のある情報を提供すること (2) 財務諸表利用者に，資産又は負債及び収益，費用又は持分の変動の忠実な表現を提	

	供すること (3) 当該情報の提供コストを上回る便益をもたらす情報を提供すること	
2018年『概念フレームワーク』	(1) 資産又は負債及び結果として生じる収益，費用又は持分の変動に関する目的適合性のある情報を提供すること (2) 資産又は負債及び結果として生じる収益，費用又は持分の変動の忠実な表現を提供すること	認識によって財務諸表利用者に提供される情報の便益が当該情報を提供し利用するコストを正当化するのに十分であること

(注) 1989年『概念フレームワーク』(2001年『概念フレームワーク』)(IASC[1989](IASB[2001]))においても，認識規準とされてはいないが，「情報が有用であるためには，それは，意思決定のための利用者の要求にとって目的適合的なものでなければならない」(par.26)とされており，また，「情報から得られる便益は情報を提供するコストを上回らなければならない」(par.44)とされている。

(2) **目的適合性のある情報を提供しない可能性に関するガイダンスに係わる記述の変遷**

ここにおいては，2015年『公開草案』及び2018年『概念フレームワーク』において，「目的適合性」に影響を与える要因に関連してあげられている「目的適合性のある情報を提供しない可能性がある場合」について比較検討することにする。そして，その結果を示したのが次の表8-2である。

表8-2 「目的適合性」に影響を与える要因に関連する場合

	目的適合性のある情報を提供しない可能性がある場合
2015年『公開草案』	(1) 資産が存在するのかどうか若しくはのれんから分離可能なのかどうか，又は負債が存在するのかどうかが不確実である場合 (2) 資産又は負債が存在するが，経済的便益の流入又は流出が生じる蓋然性が低いものでしかない場合 (3) 資産又は負債の測定が利用可能である（又は入手できる）が，測定の不確実性のレベルが非常に高いため，もたらす情報にほとんど目的適合性がなく，他の目的適合性のある測定値が利用可能でなく入手可能でもない場合
2018年『概念フレームワーク』	(1) 資産又は負債が存在するのかどうか不確実である場合 (2) 資産又は負債が存在するが，経済的便益の流入又は流出の蓋然性が低い場合

ただし，2018年『概念フレームワーク』においては，「測定の不確実性」について「忠実な表現」に影響を与える要因として検討されており，そこでは，忠実な表現が提供されうるかどうかは，資産又は負債に関する測定の不確実性のレベルあるいは他の要因によって影響を与えられる可能性があるとしている（IASB[2018a]par. 5.18）。

そこで次に，2015年『公開草案』及び2018年『概念フレームワーク』において，「測定の不確実性」に関連してあげられている「目的適合性のある情報を提供しない可能性がある場合」について比較検討することにする。そして，その結果を示したのが次の表8-3である。

表8-3 「測定の不確実性」に関連する場合

	目的適合性のある情報を提供しない可能性がある場合
2015年『公開草案』	(1) 考え得る結果の範囲が極端に広く，それぞれの結果の確率を見積ることが異常に困難である場合 (2) 経済的資源又は義務の測定に，測定しようとする項目だけに関連するものではないキャッシュ・フローの異常に困難な配分又は非常に主観的な配分が必要となる場合
2018年『概念フレームワーク』	(1) 資産又は負債の測定値を見積る唯一の方法がキャッシュ・フローを基礎とした測定技法を用いる場合であって， (2) ①考え得る結果の範囲が異常に広く，それぞれの結果の確率を見積ることが異常に困難である，②異なる結果の確率の見積りにおける小さな変動によって，測定値が異常に敏感に動く，③資産又は負債の測定に，測定しようとする資産又は負債だけに関連するものではないキャッシュ・フローの異常に困難な配分又は非常に主観的な配分が必要となる，という状況の一つ又は複数が存在する場合

(3) 「財務諸表の構成要素の認識」をめぐる記述の変遷

これらのことから，1989年『概念フレームワーク』（2001年『概念フレームワーク』）においてあげられていた認識規準については，2010年『概念フレームワーク』における改訂を受け，2015年『公開草案』及び2018年『概念フレームワーク』においては「信頼性」が「忠実な表現」に変更されていること

が，また，「経済的便益の流入又は流出の蓋然性」については 2015 年『公開草案』及び 2018 年『概念フレームワーク』においては，認識規準から削除され，「目的適合性」に影響を与える要因として「目的適合性のある情報を提供しない可能性がある場合」として取り扱われていることが明らかになる。

また，2015 年『公開草案』においては，「コストの制約」が主たる認識規準とされていたが，2018 年『概念フレームワーク』においては，副次的認識規準とされていたことが，さらに，「測定の不確実性」について，2015 年『公開草案』においては，「目的適合性」に影響を与える要因として取り扱われていたが，2018 年『概念フレームワーク』においては，「忠実な表現」に影響を与える要因として取り扱われていることが明らかになる[5]。

このように，1989 年『概念フレームワーク』（2001 年『概念フレームワーク』），2015 年『公開草案』及び 2018 年『概念フレームワーク』を比較すると，IASB は認識される資産及び負債の範囲を増加させたり減少させたりすることを目的としたことはなく，現在もしていない（IASB[2015b]par.BC 5.13）としているのであるが，その認識範囲は徐々に拡大されているといえる[6]。そしてこのことは，2015 年『公開草案』と同様に 2018 年『概念フレームワーク』においても，「測定の不確実性」と目的適合性との間にトレードオフ関係があるとしているのであるが，2018 年『概念フレームワーク』においては，「測定の不確実性」を「目的適合性」に影響を与える要因から「忠実な表現」に影響を与える要因に変更したこと[7]，また，「測定の不確実性」に関連して「目的適合性のある情報を提供しない可能性がある場合」を「キャッシュ・フローを基礎とした測定技法を用いる場合」に限定をしたこと[8]から，2018 年『概念フレームワーク』についてもいえるのである。

Ⅳ　結　　論

本章においては，1989 年『概念フレームワーク』（2001 年『概念フレームワーク』），2015 年『公開草案』及び 2018 年『概念フレームワーク』を取り上げ，

そこにおける「財務諸表の構成要素の認識」に係わる記述の変遷を跡づけることにより，2010年『概念フレームワーク』における改訂が「財務諸表の構成要素の認識」に係わるその後の議論に与えた影響について検討してきた。

その結果，2010年『概念フレームワーク』における改訂を受けて，1989年『概念フレームワーク』（2001年『概念フレームワーク』）から2015年『公開草案』，2018年『概念フレームワーク』へと，その認識範囲が徐々に拡大されていることが明らかになる。

〔注〕
1) 2010年『概念フレームワーク』（IASB[2010]）については，「一般目的財務報告の目的」（第1章）と「有用な財務情報の質的特性」（第3章）の改訂が行われているのみで，「財務諸表の構成要素の認識」の改訂に関しては取り扱われていないことから，本章においては取り上げないことにした。また，2013年『討議資料』については，いくつかの問題についての初期的な意見及びコメントを得ることがその目的とされていることから（IASB[2013]Summary and invitation to comment），本章においては必要に応じて参照するにとどめている。
2) 本章では，「認識の中止」が1989年『概念フレームワーク』（2001年『概念フレームワーク』）においては定義されておらず，認識の中止がいつ発生すべきなのかを記述していないことから（IASB[2013]par.4.29），2010年『概念フレームワーク』における改訂が与えた影響について跡づけることができないため，「認識の中止」については検討しないことにする。なお，「認識の中止」について，2015年『公開草案』（IASB[2015a]）と2018年『概念フレームワーク』（IASB[2018a]）における記述に大きな相違点はない。
3) ここにおいて，「一般目的財務報告の目的」に関する議論の変遷を跡づけているのは，概念フレームワークの他の側面が論理的にそれから生み出される（IASB[2018a]par.1.1）とされているからである。
4) 2013年『討議資料』に対する一部のコメント提出者により，「2010年以前の『フレームワーク』は，目的適合性と信頼性という質的特性間のトレードオフを認識していた」が，「このトレードオフが現行の『概念フレームワーク』には見当たらないという見解」が示されたことを受けて（IASB[2015b]par.BC2.23），IASBは2015年『公開草案』において，測定の不確実性のレベルと情報の目的適合性を高める他の要因との間にトレードオフがある（IASB[2015a]par.2.13）ことを明確にすると共に，それは「以前に目的適合性と信頼性との間に存在すると記述されていたトレードオフと同様である」（IASB[2015b]par.BC2.24）としている。
5) 「測定の不確実性を目的適合性に影響を与える要因よりも忠実な表現に影響を与える要因に含める方が直感的であり，そうすることで，測定の不確実性のレベル

と他の要因との間のトレードオフという考えを説明しやすくなる」というコメントを受けて，IASBは「測定の不確実性を忠実な表現を提供する可能性に影響を与えうる」一つの要因として説明することにしたとしている（IASB[2018e]p.11）（IASB[2018b]pars.BC 2.48-2.49）。

6) ただし，2013年『討議資料』においては，予備的見解として「企業はすべての資産及び負債を認識すべきである」（IASB[2013]par.4.24）としていたが，2015年『公開草案』においては，このような認識アプローチは採用しないという結論が表明されている（IASB[2015b]par.BC 5.16）。そしてこのことは，2010年『概念フレームワーク』の改訂後における「一般目的財務報告の目的」及び「有用な財務情報の質的特性」をめぐる議論による影響を受けているのかもしれない。

7) このことは，基本的な質的特性を適用するためのプロセスにおいて，目的適合性を忠実な表現よりも上位に置いていることから（IASB[2018a]par.2.21），認識範囲の拡大をもたらす可能性がある。

8) 「測定の不確実性」に関連して「目的適合性のある情報を提供しない可能性がある場合」を「キャッシュ・フローを基礎とした測定技法を用いる場合」に限定しているが，ここにおける他の要件がキャッシュ・フローを基礎とした測定技法に固有の要件であることから（IASB[2013]pars.6.110-6.130，IASB[2015a]Appendix A，A 1-A 10，IASB[2018a]pars.6.91-6.95），このことは単にそのことを明確にしたものともいえるのであるが，その一方で，これにより「測定の不確実性」に関連して「目的適合性のある情報を提供しない可能性がある場合」が，「キャッシュ・フローを基礎とした測定技法を用いる場合」に，また，「キャッシュ・フローを基礎とした測定技法を用いる場合」であってもさらに他の要件を満たしている場合に，限定されることを示す効果は大きいともいえる。

【参考文献】

IASB[2001] *Framework for the Preparation and Presentation of Financial Statements*, IASB（IASC財団編，企業会計基準委員会・財団法人財務会計基準機構監訳『国際財務報告基準（IFRS）2007』レクシスネクシス・ジャパン，2007年）．

IASB[2010] *The Conceptual Framework for Financial Reporting 2010*, IASB（IFRS財団編，企業会計基準委員会・公益財団法人財務会計基準機構監訳『国際財務報告基準（IFRS）2012』中央経済社，2012年）．

IASB[2013] *A Review of the Conceptual Framework for Financial Reporting*, Discussion Paper, DP/2013/1, IASB（企業会計基準委員会訳『財務報告に関する概念フレームワークの見直し』）．

IASB[2015a] *Conceptual Framework for Financial Reporting*, Exposure Draft, ED/2015/3, IASB（企業会計基準委員会訳『財務報告に関する概念フレームワーク』（公開草案））．

IASB[2015b] *Basis for Conclusions on the Exposure Draft Conceptual Framework for Financial Reporting*, IASB（企業会計基準委員会訳『「財務報告に関する概念フ

レームワーク」に関する結論の根拠』).
IASB[2018a] *Conceptual Framework for Financial Reporting*, IASB.
IASB[2018b] *Basis for Conclusions on the Conceptual Framework for Financial Reporting*, IASB.
IASB[2018c] *The new Conceptual Framework - Six Facts -*, IASB.
IASB[2018d] *IFRS Conceptual Framework Project Summary*, IASB.
IASB[2018e] *IFRS Conceptual Framework Feedback Statement*, IASB.
IASC[1989] *Framework for the Preparation and Presentation of Financial Statements*, IASC(国際会計基準委員会訳『財務諸表の作成表示に関する枠組み』).
国際会計研究学会研究グループ（主査　岩崎勇）[2016]『IFRSの概念フレームワークについて〔最終報告書〕』国際会計研究学会。
高須教夫[2014]「IFRSフレームワーク討議資料の論点／認識および認識の中止」『企業会計』第66巻第1号, 137-142頁。
藤井秀樹編[2014]『国際財務報告の基礎概念』中央経済社。

（高須　教夫）

第9章　財務諸表の構成要素の測定

I　序　　説

　2018年概念フレームワークの公表までの議論の中で，複数の測定基礎を使用する混合測定[1]を採用する方針等の共通性もあるが，DP，ED，2018年概念フレームワークのそれぞれで，異なる測定基礎を示している等の特徴があり，測定に関しては大きく議論が変化したものとなっている。

　本章では，DP及びEDで示された測定基礎とその特徴を整理・検討[2]した上で，2018年概念フレームワークで示される測定基礎の特徴を検討することとする。

II　測定の目標

　DPでは，測定の目標[3]を「企業の資源，企業に対する請求権及び資源と請求権の変動に関して，並びに，企業の経営者及び統治機関が企業の資源を使用する責任をどれだけ効率的かつ効果的に果たしたのかに関して，目的適合性のある情報の忠実な表現に寄与すること」（DP, par.6.35(a)）とし，測定の目標についての規定を設けていた。

　しかし，スタッフペーパーによる公開草案の暫定的決定では，「測定は，企業の資源，企業への請求権，及び，これらの資源や請求権の変動に関する貨幣的な情報の数量化のプロセスである。そのような情報は，利用者が企業の将来キャッシュフローの見通しや企業の資源の経営者のスチュワードシップを評価するのに役立つ」（IASB[2014]p.10）とし，個々の測定の目標は定義せず，測定が財務報告の全体の目的に貢献するかを示すことに変更した。

この結果，EDでは，「測定とは，企業の資産，負債，持分，収益及び費用に関する情報を貨幣的に数量化するプロセスである。測定値とは，資産，負債，持分又は収益若しくは費用の項目を所定の測定基礎で測定した結果である。」(ED, par.6.2) としているが，測定の目標は定義していない。そして，「本EDでは測定の目標を定義していない。その代わりに，測定プロセス及び財務報告の全体的な目的に寄与するために測定基礎を選択する際に考慮すべき要因を記述している。」(ED, par.BC 6.40) とし，さらに，「財務報告の目的を満たすために，特定の測定基礎で提供される情報は，財務諸表利用者に有用でなければならない。測定基礎は，目的適合性があり表現しようとしているものを忠実に表現する場合には，これを達成する。さらに，選択された測定基礎は，可能な限り，完全で，検証可能で，適時で，理解可能な情報を提供する必要がある。」(ED, par.BC 6.41) と説明する。

　このように，EDにおいては測定の目標自体は明示せず，財務報告の目的に照らし，目的適合性や表現の忠実性を考慮して測定基礎を選択するとされた。この結果，どのような測定を行うかは，財務報告の目的という全体の財務諸表等で表される内容に依存することととなり，個々の資産等の測定に関しては結果として有用性を満足するものであればよく，複数の測定基礎を受容する混合測定になじむものとなっている。そして，複数の測定基礎を受容する以上，これらの選択方法に関する指針が必要となるという構成となっている。

　この公開草案の考え方は，2018年概念フレームワークでも維持されているようである。2018年概念フレームワークでも測定の目標は明示されず，導入 (pars.6.1-6.3) に引き続き，測定基礎 (pars.6.4以下) が示される章立てとなっている。

　そして，2018年概念フレームワークでは「有用な財務情報の質的特性とコスト制約の考慮は，資産，負債，収益，及び，費用に異なる測定基礎の選択を生じさせることになりそうである」(par.6.3) とされ，2018年概念フレームワークでも混合測定 (Mixed measurement) が採用されているが，この根拠として有用な財務情報の質的特性とコスト制約の考慮が示されている。

このように，2018年概念フレームワークでは，公開草案と同様に，測定の目標は明示せず，有用な財務情報の質的特性とコスト制約を考慮し，複数の測定基礎からの選択が生じるとする考え方をとっている。

Ⅲ　混合測定と二重測定

1　混 合 測 定

測定基礎の選択に関しては，DPでも「資産及び負債についての単一の測定基礎は，財務諸表利用者にとって最も目的適合性の高い情報を提供しない場合がある」（DP, par.6.35(b)）としており，単一の測定基礎にこだわるものでなく，複数の測定基礎を使用する混合測定を考慮していた。

EDでも，「測定基礎とは，測定しようとする項目の識別された特徴（例えば，歴史的原価，公正価値又は履行価値）である。測定基礎を資産又は負債に適用することにより，当該資産又は負債及び関連する収益又は費用に係る測定値が生み出される。」（ED, par.6.2）とし，また，「財務報告の目的，有用な情報の質的特性及びコストの制約を考慮すると，異なる資産，負債並びに収益及び費用の項目について異なる測定基礎が選択される結果となる可能性が高い」（ED, par.6.3）とし，混合測定を採用している。

IASBの従来の概念フレームワーク（IASC[1989]）でも，複数の測定基礎を認めていた。この点では，複数の測定基礎を使用するというスタンスに変更があった訳ではないが，「少なくとも一時期のIASBは，資産・負債の評価基準について可能な限り統一を図ることで『資金提供者らの意思決定にとってより有用な情報』が提供される，という考え方にもとづき基準を開発しようとしていた，と言われることが多い」（米山[2014]p.45）とされるように，近年の一時期にあった公正価値測定による統一的な測定というスタンスからはDP及びEDは離れたものとなっていた。

2018年概念フレームワークも，この点も同様であり，前述のように有用な財務情報の質的特性とコスト制約の考慮から混合測定を採用することとしてい

る。

2　二重測定

EDでは,「場合によっては，資産又は負債が将来キャッシュフローに寄与する方法（これは部分的には企業が行う事業活動の性質に応じて決まる）あるいは資産又は負債の特性により，下記の測定基礎を使用することによって，財政状態計算書又は財務業績の計算書において提供される情報の目的適合性が高まる。(a) 財政状態計算書における資産又は負債について，現在価額（current value）の測定基礎，(b) 純損益計算書における関連する収益又は費用を決定するための上記と異なる測定基礎」(ED, par.6.76) を使用することを指摘している。これは，二重測定（Dual measurement）と表現された。

二重測定については，財政状態計算書における資産又は負債について，現在価額を使用し，純損益計算書における関連する収益又は費用を決定するためにこれと異なる測定基礎を使用するため差額が生じるが，この差額をその他の包括利益（OCI）等により対応することになる。このような二重測定は，一部の金融商品等で既存のIFRSとして用いられている方法であり，これを概念フレームワークでも受け入れたものと考えられる。

この二重測定の考えは，2018年概念フレームワークでも維持されており，「パラグラフ6.43-6.76に記述される要素を考慮すると，その企業の財務状態と財務業績の両方の忠実に表現する目的適合的な情報を提供するために，資産又は負債とこれに関する収益及び費用とで，複数の測定基礎（more than one measurement basis）が必要になるという結論になる」(par.6.83) とされる。2018年概念フレームワークでは，「二重測定」との表現は使用されず，「複数の測定基礎」と表現されているが，内容は同様のものになっている。

なお，本章では，基本的に2018年概念フレームワークの用語で統一する方針ではあるが，「混合測定」と「複数の測定基礎」の用語法が混乱や誤解を生じやすいものと考えられるので，2018年概念フレームワークで使用される「複数の測定基礎」は断りのない限り「二重測定」で表記することとする。

そして，2018年概念フレームワークでは，二重測定により「(a) 財政状態計算書において資産または負債に現在価額の測定基礎，(b) 損益計算書における収益又は費用に異なる測定基礎」(par.6.85) が使用される場合，「資産又は負債に現在価額の変化によりその期間に生じた総収益又は総費用は，区分及び分類され，(a) 損益計算書のために選択された測定基礎を適用して測定された収益又は費用が損益計算書に含まれる，(b) OCIに残りの収益又は費用が含まれる。その結果，資産又は負債に関連するOCI累計額が(i) 財政状態計算書の資産又は負債の帳簿価額と(ii) 損益計算書のために選択された測定基礎を適用して決定された帳簿価額，の差異と等しくなる。」(par.6.86) とされる。

Ⅳ 測 定 基 礎

1 DPにおいて示された測定基礎

DPでは，測定区分として，① 原価ベースの測定，② 公正価値を含めた現在市場価格，および③ その他のキャッシュフローベースの測定，の3つに区分していた。

まず，原価ベースの測定について，DPでは，IAS第16号「有形固定資産」，IAS第38号「無形資産」，IAS第40号「投資不動産」における取得原価の定義として，「資産の取得時又は建設時において，当該資産の取得のために支払った現金若しくは現金同等物の金額，又は他の引き渡した対価の公正価値」（DP, par.6.38）と示している。

次に，公正価値を含めた現在市場価格については，IFRS第13号「公正価値測定」における公正価値の定義である「測定日時点で，市場参加者間の秩序ある取引において，資産を売却するために受け取るであろう価格又は負債を移転するために支払うであろう価格」（DP, par.6.45）を示している。

DPでは，現在市場価格の具体的な定義はないが，公正価値測定で捕捉される要素は，「すべての現在市場価格に反映されている」（DP, par.6.48）としており，概ね現在市場価格は公正価値測定と同様に考えているようであるが，

IFRS第13号の公正価値測定が出口価格として定義しているのに対し，DPでは入口価格を検討する可能性を示していた（DP, par.6.49-6.50）。

また，DPでは，「公正価値測定は，市場参加者の観点から測定日現在の以下のすべての要素を捕捉する」（IASB[2011]par.B13）を引用し（DP, par.6.47），市場参加者の観点である旨が明示されている。そして，「現行の基準の中にも，減損修正に関して売却コスト控除後の公正価値を使用したり，資産の当初測定について取引コストを加算した公正価値（負債の当初測定については取引コストを控除）を使用したりするものがある」（DP, par.6.50）とし，FASBの減損会計で使用される修正した公正価値等を例示しており，現在市場価格においては出口価格か入口価格かの検討は残されているものの，公正価値測定を前提としている点に大きな特徴があるものと思われる。

DPは，IASB単体で公表されたものであるが，これ以前にはIASBとFASBの共同で概念フレームワークの検討を行っていた経緯がある。DPの段階では，FASBとの議論の影響が残っていたものと思われる。

最後に，その他のキャッシュフローベースの測定は，「現行[4]のIFRSで使用されている若干の測定は，現在市場価格でも原価ベースでもないが，将来キャッシュフローの見積りを基礎としている」（DP, par.6.51）とし，測定区分の1つとしている。

ここで，その他のキャッシュフローベースの測定はDPでは測定区分の1つとして示されていたが，これが測定基礎として何を表すのかが明確ではない等の問題を有していた[5]。

2 EDにおいて示された測定基礎

IASBの従来の概念フレームワーク（IASC[1989]）では，取得原価，現在原価，実現可能価額，現在価値の列挙（単純列挙法）となっている。この単純列挙法という観点では，従来の概念フレームワークとDPには共通性があった。

これに対し，EDでは歴史的原価と現在価額による2区分とし，現在価額の例示として公正価値と使用価値（履行価値）を示す階層式列挙法となっており，

DP等と差異が生じている。

　EDにおける測定基礎について，まず，歴史的原価は，「資産，負債，収益及び費用に関する貨幣的情報を，それらを創出した取引又は事象から導き出された情報を用いて提供する」(ED, par.6.6) とし，「資産，負債，収益及び費用に関する貨幣的情報をそれらを生じさせた過去の取引又は事象からの情報を用いて提供する測定値として識別している。」(ED, par.BC 6.19) とし，DPの原価ベースの測定と表現こそ異なるが，内容的に大きな変更はない。

　次に，EDでは，現在価額を新たな測定基礎として位置付け，現在価額について，「資産，負債，収益及び費用についての貨幣的情報を，測定日現在の状況を反映するように更新される情報を使用して提供する」(ED, par.6.19) と説明している。

　EDでは，現在価額の例示とした公正価値について，DPで検討中とされた入口価値の使用は，「この考え方を棄却した」(ED, par.BC 6.18(a)) とし，この理由として「取引コストを除いては，同一の市場での入口価値と出口価値との間にはほとんど差異がないことが多い」(ED, par.BC 6.18(a)) と説明している。

　そして，現在価額の例として位置付けられた公正価値は，「測定日現在で，市場参加者間の秩序ある取引において，資産を売却するために受け取るであろう価格又は負債を移転するために支払うであろう価格」(ED, par.6.21) と定義し，「公正価値の記述は，IFRS第13号『公正価値測定』における記述と整合している」(ED, par.BC 6.25) としている。

　このように，DPで検討中であった入口価格の使用について結論（棄却）を出した点や現在市場価格の概念を放棄した点で差異があるが，公正価値測定という観点からは本質的に同様の測定である。

　さらに，EDで現在価額の例示として新たに測定基礎として示された使用価値及び履行価値については，「使用価値及び履行価値は，企業固有の価値である。使用価値とは，資産の継続的使用とその耐用年数の最終時における処分から得られると見込まれるキャッシュフローの現在価値である。履行価値とは，負債の履行時に生じると見積もられるキャッシュフローの現在価値である。」

(ED, par.6.34）としている。

　前述のように，その他のキャッシュフローベースの測定として，測定基礎としては不明確な取扱いにあったDPの区分を取りやめている。そして，EDでは公正価値以外の現在価額の具体的な測定基礎の例として使用価値及び履行価額[6]を明示した。使用価値及び履行価値は，企業固有の価値とも呼ばれることもあり，企業自身の見積もりを利用することから検証可能性等の問題を指摘されることも多い測定基礎[7]であるが，DPのその他のキャッシュフローベースの測定と比較し，どのような測定基礎であるかは明確であり，この点では一定の改善と考えられる。

　一方で，減損会計において明らかであるように，あくまでも公正価値測定にこだわる（市場参加者の観点に拘泥する）FASBと使用価値を認めて公正価値以外の測定基礎をも許容する（企業固有の観点を許容する）IASBの差異とも考えられる。この意味では，FASBとの議論の影響が残っていたDPから若干の時間も経過し，IASBの概念フレームワークとしてFASBと異なる特徴を明示させたとも考えられる。

3　2018年概念フレームワークにおいて示された測定基礎

　2018年概念フレームワークは，歴史的原価と現在価額による2区分とし，現在価額の例示として公正価値，使用価値（履行価値），及び現在原価（current cost）を示している（par.6.11）。

　このように階層的列挙法を採用している点では，EDと同様であり，歴史的原価と現在価額の2区分としている点でも共通性がある。

　また，歴史的原価，公正価値，使用価値（履行価値）の説明に関してはEDと大きな差異はない。ただし，2018年概念フレームワークでは，それぞれの測定基礎による影響される情報を一覧にまとめたガイダンスを提示し，各測定基礎の特徴を明確化している（Table 6.1[8]等を参照）。

　そして，2018年概念フレームワークの大きな特徴は，現在価額の例示に現在原価を追加している点であろう。

第9章　財務諸表の構成要素の測定

　現在原価については,「歴史的原価のように,現在原価は消費する資産の原価又は負債の履行からの収益についての情報を提供する。この情報は,現在のマージンや将来のマージンを算出するために使用される。歴史的原価と異なり,現在原価は,消費又は履行の時の価格を反映する。価格変化が大きいときは,現在原価に基づくマージンは,歴史的原価に基づくマージンよりも将来のマージンの予測に有用である可能性がある。」(par.6.41)とされ,将来のマージンの予測に有用であることが現在原価の有利な点として示されている。

　また,「消費の現在原価（履行からの現在収益（current income））を報告するために,消費の現在原価（履行からの現在収益）の報告期間における帳簿価額の変化と価格の変化の影響を区分する必要がある。価格の変化の影響は,『保有利得』や『保有損失』と記述されることがある。」(par.6.42)とされ,収益費用の観点からその期間の価格の変化と保有利得・保有損失を区分することを重視しており,期間損益計算への影響を考慮して現在原価を測定基礎に含めているようである。

　しかし,現在原価は,「IFRSの基準で広く利用されてはいないが,主要な団体の学術論文において財務報告において現在原価を使用すると主張するものがある。この結果,2018年概念フレームワークでは現在原価を記述することとした」(par.BC6.28)とされており,測定の説明（Chapter 6）では現在原価の現行のIFRSの規定の例示すらされていない。測定の説明以外では,「資本及び資本維持」（Chapter 8）において,「実物資本維持概念では,現在原価を基礎とした測定の適用が求められる」(par.8.5)とされているが,これはハイパーインフレのような特殊な環境に限定される（par.8.9)とされている。

　このように現在原価は,ハイパーインフレのような特殊な環境下での使用を考慮したものであり,通常の経済状況での使用を想定したものではないようである。

　ここで,概念フレームワークの性質[9]を,既存の会計基準で使用する概念を包含させる（逆メタ基準）として考えると,ハイパーインフレ等の特殊な環境であろうと既存の会計基準で使用する以上,概念フレームワークにも示してお

143

くべきということになろう。当然，この性質の概念フレームワークは，既存の会計基準の概念等の受け皿となるだけであり，何ら規範性を有しなくなる。

一方で，概念フレームワークの性質を，今後の基準設定の基礎概念を定めるもの（メタ基準）とすると，現状ではハイパーインフレ等の特殊な環境での使用のみを考えているものと思われるが，今後の会計基準開発において，基準設定団体や特定の業界等の思惑により，概念フレームワークに記述されることを悪用し都合よく利用される可能性もないとは言えないものと思われる。

2018年概念フレームワークが，今後の会計基準の開発でどのように活用されていくかは，今後の動向等を観察するしかないが，逆メタ基準の性質で受け入れられた概念が，メタ基準として現在予想もしていない形で会計基準の開発に利用されないか注視する必要があるものと思われる。

V 結 論

本章では，概念フレームワークの測定の議論の経緯うち，明示された測定基礎を中心に整理・検討を行った。

測定については，DP，ED，2018年概念フレームワークで，それぞれ異なる測定基礎を示す等，議論の経緯で大きく変化してきたことがみてとれる。また，DPにおいては明示しなかった使用価値が，その後のED及び2018年概念フレームワークで明示されたことは，概念フレームワークの開発がIASBとFASBで別々に行うこととなったことと無関係ではないものと思われる。

また，2018年概念フレームワークでは，現在価額の例示としてEDには示されていなかった現在原価が示された。2018年概念フレームワークの記述による限り，広範に使用される測定基礎ではなく，ハイパーインフレ等の特殊な環境での使用に限定するものと思われるが，今後の会計基準の開発においてそのようにしなければならないと明示されている訳ではない。

IASBにおける概念フレームワークの開発では，既存の会計基準になるものを包含するような逆メタ基準としての開発の方向性が感じられる。このように

開発された概念フレームワークでも，今後の会計基準の開発においてはメタ基準としての性質を発揮することが期待されるものと思われる。

ここで，IASBの概念フレームワークでは，有用性という概念を最重視し，これを目的適合性と表現の忠実という概念で支えていることになるが，ここでは信頼性ではなく表現の忠実という検証可能性を劣後させた概念で価値判断することになる。このような概念の中で，選択される測定基礎が本当に有用性を担保できるのか，今後の個々の会計基準の開発の動向を注視しなければならないものと思われる。

〔注〕
1) DPでは，「混合測定基礎アプローチ（Mixed measurement basis approach）」のように表記されていたが，2018年概念フレームワークでは単に「混合測定（Mixed measurement）」（例えば，par.BC 6.5以下の柱書）のように表記されているため，本章では「混合測定」で表記を統一する。
2) 概念フレームワークにおけるDP及びEDまでの議論の整理・検討については，金子［2016a］，金子［2016b］，金子［2017］を参照。
3) この「目標（objective）」という用語は，「目的」等の用語で用いられることもある。ここでは，表現しようとする測定値を指す用語として「目標」という用語を用いている。
4) DPでは，次のような目的に使用されていると示されていた（DP, par.6.51）。
  (a) 償却原価で測定される金融資産，リース債権，及びリース債務の減損
  (b) 非金融資産の減損
  (c) 棚卸資産の正味実現可能価額
  (d) 引当金（時期又は金額が不確実な負債）
  (e) 退職後給付に係る負債
  (f) 繰延税金資産及び繰延税金負債
5) この問題は，「その他のキャッシュフローベースの測定において割引現在価値が活用されることが想定されるが，割引現在価値の多面性から償却原価として原価ベースの測定にも利用可能であり，公正価値測定として現在市場価格の測定にも利用可能である。

換言すれば，原価や公正価値は，測定基礎として特定可能であるが，その他のキャッシュフローベースの測定は，測定にキャッシュフローを用いるという測定方法を定めているのみであり，表現される測定基礎としては別途定義をしなければならないものである。しかし，討議資料では，この点が明らかにされていなかったという点で問題があった。」（金子［2016b］p.185）ということである。

6) 理論的に公正価値より使用価値に有用性があるとする主張に，Barth and Landsman[1995]等がある。
7) 使用価値に関する特徴は，金子[2016ｂ]及び金子[2017]を参照。なお，IASBがIAS第36号で使用している使用価値は，「完全な企業固有の価値ではなく，割引率に市場参加者の観点を含む，ハイブリッドなものとなっている」（金子[2017]p.89）という特徴を有している。
8) Table 6.1は，pp.58-62にまたがる大きな表になっており，詳細なガイダンスを示そうとしているものと思われる。
9) 概念フレームワークの性質として，メタ基準等の考え方については，岩崎[2015]や岩崎[2016]等を参照。なお，岩崎[2015]p.1では，「メタ基準性」（概念フレームワーク→個別会計基準という関係）と「逆メタ基準性」（個別会計基準→概念フレームワークという関係）が考えられると説明している。

【参考文献】

Barth, Mary, Wayne Landsman[1995] *Fundamental issues related to using fair value accounting for financial reporting*, Accounting Horizons 9, pp.97-107.
IASB[2003a] IAS 16, *Property, Plant and Equipment*.
IASB[2003b] IAS 40, *Investment Property*.
IASB[2004a] IAS 36, *Impairment of Assets*.
IASB[2004b] IAS 38, *Intangible Assets*.
IASB[2011] IFRS 13, *Fair Value Measurement*.
IASB[2013] Discussion Paper, *A Review of the Conceptual Framework for Financial Reporting*.
IASB[2014] Staff Paper (July 2014), *Effect of Board redeliberations on DP A Review of the Conceptual Framework for Financial Reporting*.
IASB[2015] Exposure Draft, *Conceptual Framework for Financial Reporting*.
IASB[2018a] *Conceptual Framework for Financial Reporting*.
IASB[2018b] IFRS Conceptual Framework Feedback Statement, *Conceptual Framework for Financial Reporting*.
IASC[1989] *Framework for the Preparation and Presentation of Financial Statements*.
岩崎　勇[2015]「概念フレームワークと簿記」『簿記学会年報』30号，pp.1-7。
岩崎　勇[2016]「概念フレームワークをめぐる利益概念の一元化思考」pp.43-56，『IFRSの概念フレームワークについて』国際会計研究学会研究グループ最終報告書。
金子友裕[2016a]「概念フレームワークにおける混合測定基礎アプローチの意義」pp.107-114，『IFRSの概念フレームワークについて』国際会計研究学会研究グループ最終報告書。
金子友裕[2016b]「IASBの概念フレームワーク公開草案における測定の特質」『経理研究』59号，pp.180-192。

金子友裕[2017]「IASB概念フレームワーク公開草案における測定の考え方」『ディスクロージャー＆ＩＲ』2号，pp.86-91。
米山正樹[2014]「IFRS概念フレームワークをめぐる論点」『企業会計』第66巻第1号，pp.43-51。

（金子　友裕）

第10章　表示及び開示
―純損益を中心に据えた財務業績の開示の意味―

I　序　　説

　財務諸表の表示及び開示については，これまでIASBの概念フレームワークにおいては扱われていなかった。したがって，2018年3月に公表された『財務報告に関する概念フレームワーク』（以下，「概念フレームワーク2018」と略す。）の第7章「表示及び開示」（IASB[2018a]）において初めて明文化された領域である。このテーマは2011年のパブリックコンサルテーションにおける優先事項と認識され，検討の中心となったのはその他の包括利益（Other Comprehensive Income，以下OCIと略す。）を含む企業の財務業績に関する情報を提供することであったとされている（IASB[2018b]BC 7.1）。

　もっとも，概念フレームワークとしての検討とは別に，IASBにおける財務諸表の表示に関するプロジェクトは2001年から英国ASBとの共同プロジェクトとして実施されており，2004年からはFASBとの共同プロジェクトとして引き継がれたものの，2010年に凍結されるかたちで事実上の終焉を迎えた経緯がある[1]。

　その後，IASBでは「アジェンダ協議2011」に対するフィードバックにみられた財務報告に関するニーズの高まりを受けて，「開示イニシアティブ」と総称されるプロジェクトが推進されている（杉山[2016], pp.132-134）。現在では，財務報告に関する総括的なプロジェクトである「ベターコミュニケーション」の枠組みの中で，主要な財務諸表の内容と構造を改善する「基本財務諸表」プロジェクト，および「開示イニシアティブ」の一環として財務諸表に対する注記の有用性を向上させる「開示の原則（Principles of Disclosure）」プロジェクトが進行中である（IASB[2018c], par.10）。

概念フレームワーク 2018 は，2013 年に提案されたディスカッション・ペーパー（以下 DP と略す。），次いで 2015 年に公表された公開草案（以下 ED と略す。）に対するフィードバックの検討を経て最終化しており，財務業績に関する情報の開示については，とりわけ多くの意見が寄せられるとともに賛否が分かれた領域であった[2]（IASB[2016]）。改訂された概念フレームワーク全体に適用される指針としての概念は，目的適合性と忠実な表現の 2 つであり，これらは有用な財務情報の基本的な質的特性として掲げられている（IASB[2018d]p.6）。また，これらの質的特性は 2010 年の改訂概念フレームワークにおけるそれを踏襲している[3]。

　以上の経緯を背景として，本章の目的は，① 2013 年の DP 及び 2015 年の ED を経て最終化された，概念フレームワーク 2018 における「表示及び開示」に関するガイダンスの論点を整理し，財務業績の意味を検討する出発点とすること，②目的適合性と忠実な表現から導かれる純損益と OCI の相対的な位置づけについて検討すること，および③ IASB が想定する財務業績の意味を明らかにすることである。

II　表示及び開示の概要

1　表示及び開示の目的と原則

(1)　財務諸表における情報開示の方針

　ここでは，概念フレームワーク 2018 第 7 章のガイダンス及び結論の根拠に即して，表示及び開示の目的と原則に関するガイダンスの論点を示す。概念フレームワーク 2018 によれば，財務諸表における情報の効果的なコミュニケーションは，その情報をより目的適合的なものにするとともに，企業の資産，負債，持分，収益及び費用の忠実な表現に貢献し，財務諸表における情報の理解可能性および比較可能性を高めるとされる（7.2）。財務諸表における効果的なコミュニケーションは，(a) ルールよりもむしろ表示及び開示の目的及び原則に焦点を当てること，(b) 類似した項目をグループ化し，異なる項目を区別

する方法で情報を分類すること，および(c)不必要な詳細や過度の集約によって隠蔽されないような方法で情報を集約することを要求する（7.2）。

また，コストがその他の財務報告の意思決定を制約するのと同様に，表示及び開示に関する意思決定もまた制約する（7.3）。さらに，財務諸表における情報の効果的な伝達を促進するために，基準書において表示及び開示の要件を開発する際には，(a)企業に資産，負債，持分，収益および費用を忠実に表す目的適合性のある情報を提供するための柔軟性を与えることと，(b)報告企業の期間比較と，単一期間における企業間比較の両方を可能にする情報を要求することのバランスが必要である（7.4）。

このように，表示及び開示の目的は，企業が有用な情報を識別しその情報を最も効果的な方法で伝達する助けとなるため，当該目的を基準書に含めることは財務諸表における効果的なコミュニケーションを支援することとなる（7.5）のである。

(2) 分類と集約

分類と集約に関する論点は，それぞれ表10-1および表10-2に示すとおりである。表10-1には，分類の定義と財務諸表の構成要素への適用がまとめられており，表10-2には，集約の定義と集約の際の留意点が記述されている。

表10−1　分類に関するガイダンスの論点

分類の論点	ガイダンスの概要
定　義（7.7）	分類とは，表示および開示の目的で共有される特性に基づいて，資産，負債，持分，収益または費用の区分することである。そのような特性には，項目の性質，企業が実施する事業活動におけるその役割（または機能），および測定方法が含まれるが，これらに限定されない。
留意点（7.8）	異なる資産，負債，持分，収益または費用を一緒に分類すると，目的適合性のある情報が不明瞭になり，理解可能性と比較可能性が低下し，忠実な表現を提供できなくなる可能性がある。
資産および負債の分類（7.9）	分類は，ある資産または負債のために選択された勘定の単位に適用される。しかし，ある資産または負債を異なる特性を有する構成要素に分けて，それらの構成要素を別々に分類することが適切な場合がある。
持分の分類（7.12）	有益な情報を提供するために，持分請求権が異なる特性を有する場合には，それらを別々に分類する必要がある。
収益と費用の分類（7.14）	分類は，（a）ある資産または負債について選択された勘定の単位から生じる収益および費用。または，（b）それらの構成要素が異なる特性を有し，別個に識別される場合には，かかる収益および費用の構成要素に適用される。

（出所）　概念フレームワーク2018第7章に基づいて著者作成。

表10−2　集約に関するガイダンスの論点

集約の論点	ガイダンスの概要
定　義（7.20）	集約とは，特性を共有し，同じ分類に含まれる資産，負債，持分，収益または費用を合計することである。
留意点（7.21）	集約は，大量の詳細を要約することにより，情報をより有用にする。しかし，集約はその詳細の一部を包み隠すことから，大量の重要でない詳細または過度の集約によって目的適合性のある情報が不明瞭にならないように，バランスが求められる。
財務諸表と注記（7.22）	財務諸表のさまざまな部分で異なるレベルの集約が必要となる場合がある。財政状態計算書および財務業績計算書は要約された情報を提供し，より詳細な情報は注記において提供する。

（出所）　概念フレームワーク2018第7章に基づいて著者作成。

2 純損益とその他の包括利益の分類

(1) 純損益の位置づけ

　1989年概念フレームワークおよび2010年概念フレームワークには，純損益計算書の外に表示された収益または費用への言及はなく（BC7.10），OCIは，2018年概念フレームワークで初めて導入された概念である。

　収益および費用は，(a) 純損益計算書（the statement of profit or loss）[4]，または(b) 純損益計算書の外であるOCIのいずれかに分類される（7.15）。なお，OCIを示す計算書または区分と合わせて純損益の区分を表すために，「財務業績の計算書（statement(s) of financial performance）」という用語が導入されている（BC7.6）。

　そして，純損益計算書は，報告期間における企業の財務業績に関する主要な情報源である（7.16）と位置づけたうえで，(a) 報告期間中の企業の財務業績に関する主要な情報源としての純損益計算書，および(b) 当期の企業の財務業績を高度に要約した描写としての純損益の合計または小計の記述が要求されている（BC7.15）。

　さらに，純損益計算書が，財務業績に関する主要な情報源であるならば，説得力のある理由なく同計算書から収益と費用を除外することは，当該計算書の有用性を低下させる可能性がある（BC7.23）ことから，純損益計算書から収益および費用を除外し，OCIに含める決定は，例外的な状況においてのみ行うことができる（BC7.24）とされている。

(2) 分類の規準

　一方で，概念フレームワーク2018は，DPの事前の検討およびEDに対するフィードバックを踏まえてもなお，純損益とOCIを分類する具体的な規準については明らかにしていない。IASBは，純損益計算書に含まれているすべての項目によって共有される単一の特性または少数の特性はなく，それらはOCIに最も適切に含まれる項目によっても共有されていない（BC7.17）ことから，

純損益またはOCIの概念的定義を生み出すことは不可能であると結論づけた（BC 7.17）のである。したがって，概念フレームワーク2018においては純損益の定義もOCIの定義も示されていない。

他方で，IASBは当期の企業の財務業績に関する主要な情報源は純損益計算書であるため，すべての収益および費用は原則として同計算書に含まれるとしたうえで，基準を開発するにあたっては，例外的な状況において，純損益計算書においてより目的適合性のある情報を提供することとなるか，もしくはその期間の企業の財務業績をより忠実に表現することとなる場合には，資産または負債の現在価値の変動から生じる収益または費用をOCIに含めることができる（7.17）と述べている。これは，IASBが，収益または費用をいつOCIに含めることが適切であるかについての初めてのガイダンスを導入したものであり，IASBは，このテーマに関するガイダンスの導入は大きな改善であると結論づけている（BC 7.20）。ただし，概念フレームワーク2018には，IASBがどのようにしてその結論に達するのかについての具体的なガイダンスは含まれていない（BC 7.25）のである。

(3) 測定基礎の選択との関係

純損益とOCIへの分類と測定基礎の関係については，歴史的原価による測定基礎から生じる収益および費用は，純損益計算書に含まれるとともに，そのタイプの収益および費用が資産または負債の現在価値の変動の構成要素として個別に特定されている場合も，純損益計算書に含まれると述べている（7.18）。

また，測定基礎の選択に関しては，ほとんどの場合は，財政状態計算書の資産または負債，ならびに経営成績に関連する収益および費用の両方について単一の測定基礎が使用される（6.84）が，場合によっては，その情報がより目的適合的であるか，または企業の財政状態と財務実績の両方をより忠実に表現するためには，(a)財政状態計算書においては資産または負債のための現在価値測定基礎を使用し，(b)純損益計算書においては関連する収益および費用の異なる測定基礎を使用することが望ましいことが述べられている（6.85）。

そのような場合，資産または負債の現在価値の変動から生じる期間中に発生する総収入または総費用は，以下のように分類される（6.86）。すなわち，

(a) 純損益計算書は，その計算書に対して選択された測定基礎を適用して測定された収入または費用を含む。

(b) OCIには，残りの収益または費用が含まれている。その結果，当該資産または負債に関連するOCIの累計額は，(ⅰ)財政状態計算書における資産または負債の帳簿価額と(ⅱ)純損益計算書に選択された測定基礎を適用して決定された帳簿価額の差額に等しくなる（6.86）。

3　その他の包括利益の純損益への組替え

原則として，ある期間におけるOCIに含まれる収益および費用は，純損益計算書においてより目的適合性のある情報を提供することとなるか，もしくは当該企業の将来の期間のための財務業績をより忠実に表現することとなる場合には，将来のある期間においてOCIから純損益計算書に組替えられる（reclassified）（7.19）。しかし，例えば，組替えがその結果をもたらす期間または組替えられるべき金額を特定するための明確な基礎がない場合には，IASBは，基準の開発にあたって，OCIに含まれる収益および費用をその後に組替えることはできない（7.19）。

IASBは，純損益計算書が当期の企業の財務業績に関する主要な情報源である場合，その計算書に含まれる累積額は可能な限り完全である必要があると結論づけた（BC7.29）。それゆえに，収益及び費用は，その特定のケースに説得力のある理由がある場合に限り，純損益計算書から永久に除外することができる（BC7.29）のである。

測定基礎との関係では，財政状態計算書と純損益計算書において異なる測定基礎を使用した場合には，組替えは，資産または負債の保有期間にわたって，その資産または負債に対する純損益計算書に含められた収益または費用の累積額が，その計算書のために選択された測定基礎を用いて決定された額であることを確実にするための唯一の方法である（BC7.31）。純損益計算書に収益およ

び費用を組替えることにより，純損益計算書において目的適合性のある情報を提供したり，当該期間の企業の財務業績をより忠実に表示したりするという結果を得る期間を特定することができない可能性がある場合には，組替えのための適切性がないか，恣意性のない基礎がなく，その場合には組替えは有用な情報を提供しないとされる（BC 7.32）。概念フレームワーク2018には，組替えが有用な情報を提供しない時期に関する特定のガイダンスは含まれていない（BC 7.33）。IASBは，基準を作成する際にその決定を下し，それらの基準に係る結論の根拠においてその理由を説明することを期待している（BC 7.33）のである。

Ⅲ 目的適合性と忠実な表現に依拠した財務業績

1 2010年概念フレームワークにおける質的特性の改訂

　前述のとおり，概念フレームワーク2018においては，純損益の定義を行うことは実行可能でもなく適切でもないという考え方に基づいていることから，収益及び費用をOCIに分類する場合も，OCIを純損益に組替える際にも，財務情報の主要な情報源と位置づけられた純損益計算書の目的適合性を高め忠実な表現に資するという質的特性に依存している[5]。したがって，さしあたりこれらの質的特性について確認する。

　まず，「目的適合性」は，IASB（当時はIASC）の最初の概念フレームワークである1989年概念フレームワークにおいて，「理解可能性」，「信頼性」，および「比較可能性」と並んで基本的な質的特性とされていた（para. 24）。この特性は，2010年の概念フレームワークの改訂を経て，概念フレームワーク2018においても引き継がれている。目的適合性の意味するところを概略的に述べれば，目的適合性のある財務情報は，利用者の意思決定に違いを生じさせることができる（2.6）ものであり，当該財務情報は予測価値，確認価値，またはその両方を有するとされる（2.7）。

　これに対して，「忠実な表現」は，2010年の概念フレームワーク改訂の際に

「信頼性」に替えて導入されており，概念フレームワーク2018においても引き継がれている。「信頼性」から「忠実な表現」への置き換えの経緯については，概念フレームワーク改訂作業の過程で，2006年の予備的見解および2008年の公開草案に寄せられた多くのコメントから「信頼性」が検証可能性や正確性といった別の意味に解釈されていると判明したことが，IASB/FASBの意図する信頼性を体現する「忠実な表現」へと置き換える決定に導いたとされる（BC 2.26-2.27）。

　忠実な表現の意味するところを概略的に述べれば，財務情報が有用であるためには，目的適合性のある現象を表現するだけでなく，それが表現しようとしている現象の実態を忠実に表現しなければならず（2.12），描写が完璧に忠実な表現であるためには，完全性，中立性，誤謬がないことという3つの特性を有しているとされる（2.13）。なお，概念フレームワーク2018に引き継がれた「忠実な表現」の意味内容は，1989年の概念フレームワークにおける「信頼性」のそれと実質的に一致している（BC 2.31）。

　2010年の概念フレームワークにおける質的特性の改訂では，「信頼性」が本来の意図を適切に表現する「忠実な表現」に置き換えられるとともに，1989年の概念フレームワークでは基本的な質的特性に位置づけられていた「比較可能性」と「理解可能性」は補強的特性に位置づけられるとともに，補強的特性にはさらに「検証可能性」と「適時性」が加えられている（図表10-3）。これにより，質的特性間の関係それ自体は，異説の生じる余地が排除されたという意味で，より明確なものになったといえる（藤井[2011]pp.32）。しかし，他方で「検証可能性」が構成要素から排除されたために[6]，「忠実な表現」は「目的適合性」に対する牽制機能を喪失し，その結果「目的適合性」と「忠実な表現」の観点から重畳的に（あるいは予定調和的に）公正価値情報の有用性を導出するものとなっていることが指摘されている（藤井[2011]p.33）。そして，この論理的序列の成立を可能としているのは，2010年の概念フレームワーク改訂プロジェクトの立ち上げを勧告したSEC研究報告書（SEC[2003]ⅢB）に記述されている，資産負債アプローチの新しい定義（位置づけ）[7]を象徴的に具現した

「忠実な表現」の論理的含意，すなわち報告主体の財政状態を忠実に表現するのは公正価値情報であるという規範的な観点であることが示唆されている（藤井［2011］pp.33）。

表10-3　有用な財務情報の主要な質的特性の変遷

1989年概念フレームワーク	2010年・2018年概念フレームワーク
＜基本的な質的特性＞	＜基本的な質的特性＞
理解可能性，目的適合性，信頼性，比較可能性	目的適合性，忠実な表現
＜信頼性を支える特性＞	＜補強的な質的特性＞
表現の忠実性，中立性，完全性，実質優先，慎重性	比較可能性，検証可能性，適時性，理解可能性

（出所）　1989年，2010年，2018年の概念フレームワークに基づいて著者作成。

　なお，概念フレームワーク2018は，測定の不確実性を，忠実な表現を提供することが可能かどうかに影響を及ぼす要因として記述しており，高いレベルの測定の不確実性のために見積りが経済現象の十分に忠実な表現を提供するかどうかが疑問視されるような場合には，目的適合性と忠実な表現の間でトレードオフを行う必要があることを明らかにしている（BC2.55）。そして，目的適合性と測定の不確実性との間のトレードオフを明示することにより，唯一の目的適合的な情報が非常に不確実な見積りである場合に，当該情報の有用性を説明する助けとなる（BC2.56）ことが想定されているのである。ここに，不確実性の高い測定基礎の選択を受け容れようとするIASBの姿勢が見て取れる。

　概念フレームワーク2018によれば，基本的な質的特性を適用するための最も効率的かつ効果的なプロセスは，報告主体の財務情報の利用者にとって有用な情報となる可能性のある経済現象を特定し，最も目的適合性の高い現象に関する情報の種類を特定し，その情報が利用可能で経済現象の忠実な表現を提供できるかどうかを判断することである（2.21）。したがって，目的適合性と忠実な表現は，財務情報の対象とすべき経済事象および情報の種類の特定，当該情報の認識，測定，表示及び開示に際して，規範的な指針として機能する概念

として理解されることとなるのである。

2　2007年IAS 1の改訂

　財務諸表の表示については，これまでのIASB概念フレームワークでは扱われていなかったことから，会計基準におけるガイダンスを手がかりとして，IASBの財務業績の表示に対する考え方を考察する。IAS 1「財務諸表の表示」は，1975年にIAS 1「会計方針の開示」として公表されて以来，度重なる改訂がなされて今日に至っている。主な改訂としては，1997年[8]および2007年の改訂があげられる。ここでは，財務業績の開示との関連から2007年の改訂IAS 1を取り上げて，当時のIASBの財務業績の報告に関する取組みを整理する。なお，この改訂はFASBとの共同プロジェクト[9]によるものであり，FASB基準書第130号「包括利益の報告」を参考にしているが，差異も残っている（IAS 1, IN 3）。2007年改訂IAS 1における変更点のうち，財務業績に関連する主な事項は以下の2点である。これらについて，順次確認していくこととする。また，ここで参照されているIAS 1および結論の根拠の項番は，特記事項のある場合を除き2007年改訂版に基づくものである。

　① 包括利益の報告

　共通の特徴をもつ項目には集約を求め，異なる特徴をもつ項目には区別を求めることにより，より良い情報を提供することを目的として，所有者との取引による資本の変動と所有者以外との取引による資本の変動を区別して表示することが明示された（IAS 1, IN 13）。これにより，期間に認識された収益及び費用のすべての項目は，単一の包括利益計算書もしくは2つの計算書（分離した損益計算書と包括利益計算書）に表示することとされた（IAS 1, para. 81）。

　包括利益は，単一の計算書による表示が選好された（IAS 1, BC 51）。その理由は，概念フレームワークが純損益の定義，および純損益に含まれる項目の性質と純損益に含まれない項目の性質と両者を区別する要件を提供していない以上，収益及び費用を2つの計算書に区分するのに使用される明確な原則または共通の特徴が存在しないため，単一の計算書で表示することは概念的に正しい

と判断したからである（IAS1，BC51）。しかし，単一の計算書による表示は，関係者の多くが強い反対を示していたことから，単一の計算書または2つの計算書の選択が認められたのである（IAS1，BC52-53）。

② その他の包括利益（OCI）の表示

OCIの内訳項目は，包括利益計算書において表示することが求められた（IAS1，para.82）。また，組替調整額（いわゆるリサイクリング額）を含むOCIの各内訳項目に関連する法人所得税の額を包括利益計算書の本体または注記に表示するとともに，OCIの内訳項目に関連する組替調整額を開示することが要求された（IAS1，paras.90，92）。

IASBは，組替調整は包括利益合計に含まれる項目が純損益に再分類されるときに二重計算されるのを防ぐために必要であると判断し，また組替調整の個別の表示は，過年度にOCIとして認識され当期に純損益として認識された収益及び費用の金額を，利用者に明瞭に伝えるのに必要であると判断したためである（IAS1，BC69）。ただし，当該組替調整額は包括利益計算書の本体または注記により表示することができる（IAS1，para.93）とされた。

なお，包括利益およびOCIという用語は，この改訂でIASBの会計基準に初めて導入されている。また，純損益の小計の表示は引き続き求められ，包括利益計算書において表示されることとなった（IAS1，para.82）。そして，ある期間に認識される収益費用のすべての構成要素を，IFRSが別途要求または許容している場合を除いて，純損益に含めなければならないと定められている（IAS1，para.88）。IASBは，純損益に含められる項目は，OCIに含められる項目との区別を可能にするような独特の特徴を有しているものではないことを認めていたものの，すでにOCI項目の認識が要求されており，包括利益におけるこれらの項目の表示についてはプロジェクトの次の段階で審議する旨が述べられていた（IAS1，BC58）。

以上の考察より，2007年のIAS1の改訂を検討する時点で，IASBは純損益とOCIの区分を可能にするような収益及び費用の性質が認められないことを根拠として，単一の計算書による報告を選好していたことがわかる[10]。また，

純損益の小計の開示，組替調整額の開示を要求していることから，純損益とOCIはそれぞれに有用な情報とみなされていたと解される。なお，その後IAS 1におけるOCIの開示は，2011年の改訂によって，純損益に振替えられることのない項目とその後に純損益に振替えられる可能性のある項目とに区分表示することが要求されている（2011年改訂IAS 1, para. 82A）。これは，金融商品及び年金に関する再審議により，OCI（特に，その後に純損益に振替えられない項目）に表示する項目が増加することとなるため，収益及び費用のすべてを透明に表示すべきであると考えたためである（2011年改訂IAS 1, BC 54B）[11]。

概念フレームワークは現行の会計基準を説明するものではないものの，両者におけるOCIの記述には違いがみられる。すなわち，IAS 1では，OCIは単にIFRSの要求によって純損益に分類されない項目であり，IFRSの修正または開発により増加することも視野に入れられていることから，財務業績の開示の観点からは，純損益とOCIはともに重要な情報として位置づけられていると解される。これに対して，概念フレームワーク2018では，あくまでも純損益が財務業績の主要な情報源であり，OCIはごく例外的に生じる項目として位置づけられている。

Ⅳ 財務業績の表示及び開示の二面性

1 資産負債アプローチの意味と利益概念

企業会計基準委員会（Accounting Standards Board of Japan，以下ASBJと略す。）は，DPおよびEDに対するコメントをIASBに提出している[12]。それらの文書の中で，純利益の定義を示すことおよびすべてのOCIの項目を純損益計算書に組替えることを繰り返し提案している。ASBJが「討議資料　財務会計の概念フレームワーク」（以下，「ASBJ討議資料」と略す。）の中で純利益，包括利益を構成要素として定義している[13]のに対して，IASBは一貫して純損益の定義は可能でもなく適切でもないという考え方を表明している。両者の純損益（純利益）の捉え方の違いの根源はどこにあるのであろうか。

ASBJは，ASBJ討議資料「第3章　財務諸表の構成要素」の序文において，はじめに資産と負債に独立した定義を与え，そこから純資産と包括利益の定義を導いていること，投資家の利用目的との適合性を考慮して純利益に定義を与え，純利益と関連させて収益と費用の定義を導出していることを記述している（ASBJ[2006]p.14）。そして，資産・負債の定義からはじめるのは，財務報告の対象を確定し定義する作業が容易になるからであり，情報としての有用性を比較したものでもなければ，特定の測定方法を一義的に導くことを意図したものでもない（ASBJ[2006]p.14）と説明している。また，包括利益と純利益との関係については，包括利益のうち，(1)投資のリスクから解放されていない部分を除き，(2)過年度に計上された包括利益のうち期中に投資のリスクから解放された部分を加え，(3)少数株主損益を控除すると，純利益が求められる（第3章12項）と説明している[14]（ASBJ[2006]p.17）。

　組替調整の意義は財務諸表において純利益の表示を維持することにあり，収益費用アプローチに依拠した利益測定が維持されているということを含意している（平松・辻山編，藤井稿[2014]p.165）という見地からは，ASBJ討議資料における財務業績の表示は，収益費用アプローチと資産負債アプローチに依拠した利益の併記とみることができる。そして，ここにおける資産負債アプローチは，はじめに資産と負債を定義することにより収益と費用の定義を導出するという考え方を体現したものと解される。

　IASBも，概念フレームワーク2018において，収益及び費用は純損益計算書またはOCIのいずれかに分類される（7.15）と述べるとともに，純損益計算書と純損益の合計または小計の記述を求めている（BC7.15）こと，OCIの組替えを求めていること（7.19）から見る限り，収益費用アプローチと資産負債アプローチに依拠した利益の併記が行われていると解される。他方で，IASBは，純損益またはOCIの概念的定義を行うことは不可能であると結論づけたうえで（BC7.17），収益または費用をOCIに分類する場合も，OCIの純損益計算書への組替えに際しても，目的適合性と忠実な表現に基づく判断の結果であると述べている（BC7.24-BC7.30）。

これらの記述から，概念フレームワーク2018における財務業績の表示の実質的な意味は，前述の2つのアプローチに依拠した利益の単純な併記ではないことが想起されるのである。すなわち，ここにおける純損益とOCIは，もはや資産および負債をはじめに定義することにより導かれる概念の帰結ではなく，目的適合性と忠実な表現という基本的な質的特性を規範的な指針として機能させた結果創出された概念であると思料する。

2　純損益と包括利益の二元開示の含意

それでは，概念フレームワーク2018において，純損益とOCIが開示され，総計としての包括利益が開示されることの意味は，どのように理解し得るのであろうか。概念フレームワーク2018の記述から導かれる純損益は，ごく例外を除くほとんどの収益及び費用項目から成る純損益計算書の小計または合計である。そして，純損益計算書が提供する情報は，財務業績に関する主要な源泉として位置づけられている。純損益計算書に対して目的適合性と忠実な表現という質的特性を適用することにより，例外としてOCIに切り分けられた項目は，後に原則として純損益計算書に組替えられる。ただし，組替えが行われるのは，当該組替えによって純損益計算書の目的適合性が高められ，忠実な表現に資する場合に限られる。

したがって，以上から想定される純損益は，限りなく包括利益に近似した概念となる。純損益の重要性が強調されているのは，それが多くの利用者によって分析の出発点として，また企業の財務業績の主な指標として用いられている（7.16）という実務慣行への配慮であり，これを財務業績の開示に積極的に活用した結果であると推察される。すなわち，概念フレームワーク2018における純損益とOCIの二元開示の実質的な意味は，高須（2016）が指摘するように，「純損益」をボトムラインとする一元的利益観であり，OCIは例外的なケースにその外延を拡張するために記載される項目といえる（高須[2016]p.41）と理解することが可能となる。

V 結　　論

　これまでの検討結果を，研究目的に即して総括する。まず，①「表示及び開示」に関するガイダンスの論点整理をもって，財務業績の開示のあり方を，財務諸表における情報開示を利用者とのコミュニケーションツールと位置づけたIASBの意図を窺い知る出発点とした。それは，後述する②及び③によっていっそう明らかとなる。

　次に，② 概念フレームワーク2018を貫く鍵概念である目的適合性と忠実な表現は，収益及び費用を純損益計算書とOCIに分類し，OCIを純損益計算書に組替える際の指針として機能している。これらの概念は，ごく例外的な場合に生じるとされたOCIに対する，財務業績の主要な情報源として位置づけられた純損益の優位性を支えていると解される。また，財政状態計算書においては現在価値測定基礎が使用され，純損益計算書においては異なる測定基礎が用いられる場合には，資産または負債の現在価値の変動から生じる収益と費用は純損益計算書とOCIに分類される。目的適合性と忠実な表現は，測定基礎の選択においても指針としての役割を果たすこととなる。さらに，測定の不確実性を忠実な表現に影響を及ぼす要因として機能させることにより，目的適合性と忠実な表現の間でトレードオフを行う必要性を述べ，不確実性の高い見積りによる測定値を受け入れる素地を提供していると解される。

　最後に，③ IASBが想定する財務業績としての利益概念には，純損益がその中心に据えられている。そして，例外的な位置づけとはいえ，OCIも併せて開示される。したがって，形式上は純損益とOCIの二元開示である。一方で，実質的には純損益は限りなく包括利益に近似した概念となり，OCIは純損益から切り分けられたわずかな外延に過ぎないものとなる。それは，いかなる事象を財務諸表に表示する対象とし，それによって識別された資産および負債をいつ認識し，どのような測定基礎を用いて金額を付すのかという問題に対して，目的適合性と忠実な表現が規範的な指針として適用された結果創出された写像

である。概念フレームワーク 2018 における「表示及び開示」の章は，純損益を定義することは可能でもなく適切でもないと結論づけることによって不確定の曖昧な概念にとどめておくとともに，実務上の慣行として広く定着している純損益の社会的機能の側面を積極的に活用することにより，コミュニケーションツールの一環として財務業績の開示を位置づけようとする IASB の挑戦的な試みと解される。

〔注〕
1) これらのプロジェクトの一連の検討状況については，八重倉[2014], pp. 216-223 において詳述されている。
2) 2015 年 ED に寄せられたコメントの具体的な内容については，杉山[2016], pp. 127-130 に記載されている。
3) 2010 年の概念フレームワークは，2004 年から FASB と IASB の共同プロジェクトの成果として改訂されている。このため，2010 年概念フレームワークの「第1章 一般目的の財務報告の目的」と「第3章 有用な財務情報の質的特性」は，FASB の SFAC No. 8 の「第1章 一般目的の財務報告の目的」および「第3章 有用な財務情報の質的特性」と共通のものとなっている。
4) 概念フレームワークは，財務業績の計算書が単一の計算書か2つの計算書かを特定せず，「純損益計算書」という用語を，個別の計算書および単一の財務業績の計算書における区分を表すために使用している。同様に，概念フレームワークは，「純損益の合計」という用語は，個別の計算書の合計および単一の財務業績計算書における区分の小計の両方を指している（概念フレームワーク注11）。
5) もっとも，これらの判断を下すのは財務諸表作成者ではなく IASB であることが ED から引き続き明記されている（BC 7.25, BC 7.27）。
6) 2010 年概念フレームワークの結論の根拠（BC 3.35）において，検証可能性は 1989 年概念フレームワークでは信頼性の要素として明示的に含めていなかったものの，利用者が情報に関する保証を必要とすることを示唆していたこと，および共同プロジェクトを行った FASB の概念書 2 号では検証可能性を含めていたことが記述されている。
7) SEC 報告書によれば，資産/負債アプローチは，根本的な経済的実質に最も強力な概念的写像を提供することによって，基準設定プロセスの最も適切なよりどころ（most appropriately anchors）となることが示唆されており，識別された資産および負債をいつ認識されるべきか，またそれらはどのように測定されるべきかを確立するための FASB の努力のみならず，取引または事象が基準によって対処されるべき基準の最適範囲を限定するにあたってもまたきわめて重要であるとされている（SEC[2003] Ⅲ B）。

8) 1997年の改訂は，IAS第1号「会計方針の開示(1975年)，IAS第5号「財務諸表に開示すべき情報」(1977年)，IAS第13号「流動資産及び流動負債の表示」(1979年)の置換えであった(IASB[2007]IAS1 *Presentation of Financial Statements* 基準書の前文より)。

9) 当該プロジェクトは，AとBの2つのフェーズに分けて取り組まれた。財務業績の開示に限定するならば，OCIの内訳項目を純損益に組替えるべきか，組替える場合は対象とすべき取引や事象の性格およびその時期，包括利益計算書における収益及び費用の表示方法は，FASBとの共同プロジェクトによりフェーズBで検討される予定となっていた(IAS1, BC8, 58)。

10) 2007年改訂IAS1が包括利益計算書を2つの分離した計算書に分けることを認めたことに対する反対意見として，「場合によっては，同一の取引でさえ純損益の内でも外でも報告される可能性さえもある。…(省略)…これらの審議会メンバーは，潜在的に損益計算書への計上を迂回する収益及び費用項目のいくつかは，損益計算書へ計上される項目と同じように企業の業績を評価する上で重要な項目があり得ると信じている(IAS1, DO4)。」と記述されている。

11) 現行のIAS1(2018)は，OCIの内訳項目として，再評価剰余金の変動，確定給付制度の再測定，在外営業活動体の財務諸表の換算から生じる為替差損を含む11項目を列挙している(para.7)。

12) 「ディスカッション・ペーパー『財務報告に関する概念フレームワークの見直し』に対するコメント」(2014)，「Is OCI Unnecessary ? (OCIは不要か？)」(ASBJ Short Paper Series No.1, 2014)」，および「公開草案『財務報告に関する概念フレームワーク』に対するコメント」(2015)などがある。

13) ASBJ討議資料は，「純利益とは，特定期間の期末までに生じた純資産の変動額(報告主体の所有者である株主，子会社の少数株主，及び前項にいうオプションの所有者との直接的な取引による部分を除く。)のうち，その期間中にリスクから解放された投資の成果であって，報告主体の所有者に帰属する部分をいう。(第3章9項)」と定義している。

14) 「ASBJ討議資料」は，第3章12項に示されている(2)をリサイクリングと称することもあること，(2)の処理に伴う調整項目と(1)の要素をあわせて，その他の包括利益と呼ぶこともあると注記している(ASBJ[2006]p.17)。

【参考文献】

IASB[2018a] *Conceptual Framework for Financial Reporting.*
IASB[2018b] *Basis for Conclusions, Conceptual Framework for Financial Reporting.*
IASB[2018c] IASB Agenda ref 11A, *Disclosure Initiative: Principles of Disclosure.*
IASB[2018d] *Project Summary, Conceptual Framework for Financial Reporting.*
IASB[2018] IAS1 *Presentation of Financial Statements.* (IFRS財団編 ASBJ監訳『IAS1 財務諸表の表示』)。
IASB[2012] IAS1 *Presentation of Financial Statements.* (IFRS財団編 ASBJ監訳

『IAS 1 財務諸表の表示』)。
IASB[2009] IAS 1 *Presentation of Financial Statements*. (IFRS財団編 ASBJ監訳『IAS 1 財務諸表の表示』)。
IASB[2007] IAS 1 *Presentation of Financial Statements*. (IFRS財団編 ASBJ監訳『IAS 1 財務諸表の表示』)。
IASB[2011] *Conceptual Framework for Financial Reporting*. (IFRS財団編 ASBJ監訳『財務報告に関する概念フレームワーク』)。
IASB[2007] *Framework for Preparation and Presentation of Financial Statement*. (IFRS財団編 ASBJ監訳『財務諸表の作成及び表示に関するフレームワーク』)。
SEC[2003] Study Pursuant to Section 108(d) of the Sarbanes-Oxley Act of 2002 on the Adoption by the United States Financial Reporting System of a Principles-Based Accounting System.
杉山晶子[2016]「第14章 IASB概念フレームワークにおける純損益とその他の包括利益の表示」(「IFRSの概念フレームワークについて―最終報告書―」国際会計研究学会研究グループ, pp.136-150)。
藤井秀樹[2014]「第5章 資産負債アプローチ」『体系現代会計学第4巻 会計基準のコンバージェンス (平松一夫・辻山栄子 責任編集)』, pp.153-176。
藤井秀樹[2011]「FASB/IASB概念フレームワークと資産負債アプローチ」『国民経済雑誌』第204巻第1号, pp.17-40。
高須教夫[2016]「第4章 概念フレームワークをめぐるFASBとIASBの相克」(「IFRSの概念フレームワークについて―最終報告書―」国際会計研究学会研究グループ, pp.36-42)。
八重倉孝[2014]「第7章 財務諸表の表示」『体系現代会計学第4巻 会計基準のコンバージェンス (平松一夫・辻山栄子 責任編集)』, pp.1215-236。

(杉山　晶子)

第11章　資本及び資本維持の概念

I　序　　説

　2018年3月に国際会計基準審議会（IASB）は，新しい全面的な改訂版概念フレームワーク「財務報告に関する概念フレームワーク」（IASB［2018a］）を公表した。この概念フレームワークにおいては，資本及び資本維持の概念の内容について，基本的に2010年概念フレームワークにおけるものを継続し，変更はなされていない。

　このような状況の下において，本章では，文献研究に基づいて資本及び資本維持の概念との関連において，最新の概念フレームワーク上IASBは，どのような利益計算の構造を採用し，どのような会計を考えているのか，その特徴点と問題点を明確にすることを目的としている。

　この目的を達成するために，本章の構成としては，第Ⅱ節では，IASBの資本及び資本維持の概念について明確にすると共に，利益計算と資本維持概念や資産等の測定基礎[1]との関係を明確にしている。そして，これまでの検討結果を踏まえて，第Ⅲ節では，資本維持概念との関連において，IASB概念フレームワークがどのような利益計算構造上の特徴と問題点を有しているのか明確にしている。なお，本章において，2018年概念フレームワークからの引用は，パラグラフのみを示すものとする。

Ⅱ 資本維持概念と利益計算

1 概念フレームワーク上の資本概念の取扱

　概念フレームワーク上の「資本概念の取扱」に関して，1989年の資本概念の内容が基本的にそのまま2010年概念フレームワークに継承されている。さらに，それが基本的にそのまま2018年概念フレームワークに引継がれている。それゆえ，今回の新しい概念フレームワーク上の資本概念の内容については，基本的に1989年のそれがそのまま引継がれていることとなる。

2 資本及び資本維持の概念

(1) 会計の基本的な存在意義と資本概念

　ここではまず，会計の基本的なレーゾン・デートル（存在意義）と利益計算や資本概念との関係について明確にすることによって，会計上の利益計算における資本概念の重要性を再確認することとする。

　一般的に，「会計の最も基本的な存在意義」は，一定期間の「利益計算」である，としばしばいわれてきた。この場合，この成果としての利益の計算のためには，その前提[2]として元本としての資本や資本維持の概念がまず明らかにされなければならない。

　すなわち，「利益計算と資本概念との関係」に関して，会計における利益計算構造上，元本として投下した資本を維持し，それを超えて回収した余剰の金額[3]を成果としての利益とし，かつ財務的な業績として把握している。それゆえ，利益計算と資本概念は，相互に密接不可分な関係にあり，このような意味で，「利益計算において資本維持概念は決定的な意味」（前川［1995］65頁）を持っているといえる。

(2) 資 本 概 念

　以上のように，会計上の利益計算においては，資本概念が決定的に重要であ

るということが明確にされたので,次にここでは,最新の2018年IASB概念フレームワークにおいて,どのような思考に基づき,何を資本と考え,何を資本測定単位としているのか,及びその種類について明確にすることとする。

概念フレームワーク上,表11-1のように,「資本概念の意義と種類」に関して,貨幣資本概念と実体資本概念[4]とがあり,貨幣資本概念は,基本的に財務諸表の作成に関してほとんどの企業で採用されている(par.8.1)としている。

表11-1 資本概念の意義と種類

摘要	資本概念の種類		意義
資本概念	(1) 貨幣資本概念	① 名目貨幣資本概念	投下した名目的な貨幣としての資本
		② 実質貨幣資本概念	投下した恒常購買力としての資本
	(2) 実体資本概念		具体的な物財量(物的生産能力や操業能力)としての資本

(出所) 岩崎[2019]171頁(一部修正)。

この場合,貨幣資本概念は,貨幣動態を問題とする貨幣思考[5]に基づくものであり,資本を「貨幣そのもの」とみなし,期首に保有していた貨幣量(「期首資本量」すなわち投下した貨幣金額)を維持すべき資本とする考え方である。そして,この貨幣資本概念には,「資本の測定尺度」の観点から,① その尺度として名目貨幣を使用し,「投下した名目貨幣金額」を資本とする考え方[6]と,② その尺度として実質貨幣を使用し,「投下した貨幣の財一般に対する購買力である恒常購買力(「期首資本一般購買力」)の貨幣金額」を資本とする考え方[7]の二つのものがある。さらに,後者の実体資本概念は,財貨動態を問題とする財貨思考に基づくものであり,資本を「具体的な物財量」とみなし,期首に保有していた具体的な物的資産の物財量(「期首物財量」すなわち物的生産能力等)を維持すべき資本[8]とする考え方[9]である[10]。

(3) 資本概念の選択と利用者ニーズ

これまでの議論で,「資本概念の意義と種類」が明確にされたので,ここでは,資本概念をどのように選択すべきかについて明らかにしていくものとする。

この「資本概念の選択」に関して，概念フレームワーク上，財務諸表の利用者が主に名目貨幣資本の維持又は投下資本の恒常購買力の維持に関心を有する場合には，貨幣資本概念を採用しなければならないけれども，利用者の主要な関心が企業の操業能力の維持にある場合には，実体資本概念を用いなければならない（par.8.2）として，財務諸表の利用者のニーズに基づかなければならないとしている。

　それゆえ，2018年現在においてハイパーインフレの状態にあるベネズエラのような例外的なごく少数の国を除き，激しいインフレーションの状況にはないので，現在においてわが国を含めて世界的に基本的に名目貨幣資本概念が，理論的・制度的に採用されており，このことを前提として，以下の論考を進めていくこととする。

(4) 資本維持概念と利益

　それでは，利益計算上，元本としての資本として維持すべき資本概念には，どのようなものがあり，またその場合の利益とはどのようなものなのかを，次に明らかにしていきたい。これらに関して，概念フレームワーク上，前述の資本概念は，以下のような維持すべき資本としての「資本維持概念[11]」を生じさせ（par.8.3），同時にその時の利益概念は次のとおりである，としている。

表11-2　資本維持概念

資本維持概念			資本維持の内容	利　益　の　内　容
資本維持概念	貨幣資本維持概念	名目貨幣資本維持概念	名目貨幣資本の維持	期末の純資産の名目（又は貨幣）額が，その期首の純資産の名目（又は貨幣）額を超える金額。なお，名目貨幣単位又は恒常購買力単位で測定
		実質貨幣資本維持概念	投下資本の恒常購買力の維持	
	実体資本維持概念		物的生産能力や操業能力の維持	期末における企業の物的生産能力又は操業能力（又はそのために必要な資金）が，その期首の物的生産能力を超える金額

（出所）　岩崎[2019]177頁（一部修正）。

　「資本維持概念の分類」に関して，表11-2のように，資産負債に対する価

格変動の影響の取扱いの違いによって，資本維持概念は，貨幣資本維持概念と実体資本維持概念に分類される。貨幣資本維持概念では，投下した貨幣資本を維持するという考え方であり，この資本維持概念の下では，期首資本の貨幣額を超える金額が利益となる。なお，貨幣資本は，維持すべき資本を名目貨幣単位[12]又は恒常購買力単位[13]で定義し，測定する。この資本維持概念の下では，資本が名目貨幣単位で定義される場合には，そこでの利益は，当期中の名目貨幣資本の増加を表す。また，それが恒常購買力単位で定義される場合には，利益は，その会計期間中の投下恒常購買力の増加を示している。したがって，一般物価水準の増加を超える資産価額の増加部分のみが利益となる。そして，増加額の残余は，資本維持修正額，すなわち持分の一部として取り扱われる。他方，実体資本維持概念では，操業能力を維持するという考え方であり，この資本維持概念の下では，期首の物的生産能力を超える部分が利益となる[14]。すなわち，この資本維持概念の下において，利益は当期中における実体資本の増加額を示す。ここでは，企業の資産負債に影響するすべての価格変動は，企業の物的生産能力の測定において変動とみなされ，利益ではなく，持分の一部である資本維持修正額として取り扱われることとなる（pars.8.6, 8.7）としている。

この場合，前述の財務諸表の構成要素の利用者の観点からいえば，貨幣的資本維持概念及びその時に算定される利益が計算表示されることとなる。

3　資本維持概念・測定基礎と利益計算

(1) 資本維持概念・測定基礎と利益計算

以上のように，これまでの検討によって，資本維持概念と利益との関係等が明確にされたので，次にこれにさらに「資産等の測定基礎」の観点を付加し，資本維持概念，（収益決定の問題としての）測定基礎及び利益計算の3者の関係を検討することとする。

まず，「資本維持概念と測定基礎の関係」に関して，資本維持概念に関わらず，資産等の測定基礎を独立的に選択し得るという関係にある。そこで次に，これらと利益計算との関係が問題となるけれども，前者の資本維持概念と利益

計算との関係については，以下の(2)で検討し，他方，後者の（収益決定の問題としての）資産等の測定基礎と利益計算との関係については，(3)で検討することとする。

(2) 費用計上と資本維持概念

まず，「資本維持概念と利益計算の関係」に関して，借方の費用計上は，資本回収[15]の問題として資本維持に関連し，それがさらに利益計算に影響を及ぼすという関係（「資本維持→費用計上の問題→利益計算」という関係）にある。このうち資本維持は，同時に費用決定の問題であり，費消分の補てんであり，それは利益計算上，費用計上を行うことである（前川[1995]70頁）。

この時，「資本維持概念と（費用決定の問題としての）測定基礎との関係」に関して，概念フレームワーク上，この実体資本維持概念[16]の下では，測定基礎として現在原価を採用するけれども，貨幣資本維持概念では，特定の測定基礎を用いる必要はない。この貨幣資本維持概念の下での測定基礎の選択は，企業が維持しようとする貨幣資本の種類によって決定される（pars. 8.5-8.6）としている。

さらに，「資本維持概念と利益の内容との関係」に関しては，前述の「資本維持概念と利益」を参照されたい。

(3) 収益計上と資産等の測定基礎

他方，貸方の収益計上は保有損益ないし評価損益の問題（収益決定の問題）としての資産等の測定基礎と関連し，それが利益計算に影響を及ぼすという関係（「資産等の測定基礎→収益計上の問題→利益計算」という関係）にある。より具体的には，例えば，名目資本維持概念というような同一の資本維持概念を採る場合においても，例えば，原価評価と時価評価というように，資産等の測定基礎が異なると，違った利益金額が算定されるという結果をもたらす。

これは，理論的には，従来から全体利益と期間利益の問題とされてきた。すなわち，この「資本維持概念と資産等の測定基礎と全体利益や期間利益との関

係」に関して,「資本維持概念は『全体利益』を決定する」(前川［1995］65 頁)。しかし,必ずしも資本維持概念は期間利益を決定するものではなく,前述のように,この期間利益を決定するのが資産等の測定基礎である,という関係にある。言い換えれば,資本維持概念によって決定される「『全体利益』の期間的な先取りや繰延べを行いながら期間配分を行う」(同上 65 頁) ことが,資産等の測定基礎の機能である。この際,さらに資産等の測定基礎として時価評価を行う際に生じる評価損益をどのように処理するのかが問題となる。すなわち,損益計算書上の純利益の構成要素とするのか,又はその他の包括利益 (OCI) の構成要素とするのかである。

このように,最終的に期間利益の決定要因は,資本維持概念を前提として,資産等の測定基礎によって最終決定されるという「資本維持概念と資産等の測定基礎との組み合わせ」によるということになる。この関係に関して,概念フレームワークにおいては,資本維持概念と資産等の測定基礎という両者の種々の組み合わせによって,利益の多様性が生じ,同時に,これらの選択によって,財務諸表の作成にあたって用いられる「会計モデル」が決定される (par.8.9) としている。

以上のように,資本維持概念と資産等の測定基礎の双方が利益計算に影響を及ぼすことが明確にされた。そして,これらのうちどのような資本維持概念や資産等の測定基礎を選択するのかによって会計モデルが決定されることとなる。

そこで,これらの問題については,節を改めてより詳細に検討することとする。

Ⅲ　IASB概念フレームワークの計算構造の検討

これまでの検討によって,IASBの考える概念フレームワーク上の資本維持概念等が明確にされたことを前提として,次にここでは,資本維持概念との関連におけるIASBの利益計算構造上の特徴点と問題点を明確にすることとする。このために,利益計算構造との関連において,それへの影響要因としての

IASB概念フレームワーク上の財務諸表の構成要素の定義，利益観，認識規準，測定基礎，利益概念及びリサイクリングについての特徴点について明確にすることとする。

1　構成要素の定義と利益観

前述のように，利益観が異なると利益概念及びその測定金額が変わる可能性があるので，まずIASB概念フレームワークの利益観を明確にする必要がある。このためには，財務諸表の構成要素の定義を検討することが必要となる。

この財務諸表の「構成要素の定義」に関して，IASB概念フレームワークでは，「資産とは，過去の事象の結果として企業によって支配されている現在の経済的資源である」（par.4.3）。また，「収益とは，資産の増加又は負債の減少で，持分請求権の保有者からの出資に関連するもの以外の持分の増加を生じさせるものをいう」（par.4.68）としている。このように，概念定義の側面から判断すると，計算構造上，「利益観」として，資産負債から定義を始め，それらの変動として収益費用を定義するという「資産負債アプローチ」を採用している，といえる。それゆえ，IASB概念フレームワークにおいては，連繋観に基づくものとなる。すなわち，これに関して，IASBは，会計上の認識は，構成要素，財政状態計算書及び財務業績の計算書を連繋させるとして，連繋観に基づく資産負債アプローチを明示している（par.5.3）。

2　認識規準

次に，IASB概念フレームワークにおける利益計算構造上における「認識規準を中心とする認識構造」について明確にしていくこととする。

新しい概念フレームワークでは，図11-1のように，認識規準を中心とする認識構造として，限定認識アプローチに基づき，財務諸表の構成要素の定義を満たすことを前提として，新たに財務情報の有用性の観点から，財務情報の質的特性として「目的適合性」と「忠実な表現」及びそれへの制約としての「コスト制約」という三つのものを明示し，これらを満たすものは，原則としてす

べて計上するものとしている（pars.5.6-5.8）。

図11-1　概念フレームワークにおける認識構造

（出所）　岩崎[2014]20頁（一部変更）。

3　測定基礎

次に，IASB概念フレームワーク上の「測定基礎を中心とする測定構造」について明確にすることとする。これは，これまで検討してきた資本維持の問題と直接的に関連し，前述の資本維持概念とここでの測定基礎がIASB概念フレームワーク上の利益計算構造を決定することとなる。

(1)　測定基礎の選択上考慮すべき要素

まず測定基礎を決定する場合，「測定基礎の選択上考慮すべき要素」が問題となる。これに関して，IASBは，表11-3のように，財務情報の有用性の観点から，質的特性として，目的適合性と忠実な表現という基本的質的特性を満たすと共に，比較可能性，検証可能性，適時性と理解可能性という補強的質的特性についても出来るだけ満たすべきこと，ならびにその制約としてのコスト制約を新たに要求している（pars.6.2, 6.45）。

表11-3　測定基礎の選択上考慮すべき要素

	目標	基本的質的特性	補強的質的特性	制　約
測定基礎の選択の視点	有用性	目的適合性	比較可能性，検証可能性，適時性と理解可能性	コスト制約
		忠実な表現		

（出所）　IASB[2018a]pars.6.2, 6.45を参照して著者作成。

(2) 測定基礎の選択の視点

前述の測定基礎の選択上考慮すべき事項を考慮した上で，次に「測定基礎の選択の視点」が問題となる。これに関して，IASB概念フレームワーク上初めてその視点が明示されている。この場合，その視点としては，財務情報の目的適合性が向上するか否かの観点（「目的適合性の観点」）等から選択を行うこととし，その判断に影響する要因（「測定基礎決定要因」）として，① 財政状態計算書と財務業績の計算書の両方に対する影響（ホーリスティック観），② 資産負債の特徴，③ 将来キャッシュ・フローへの寄与の仕方を挙げている（pars.6.43, 6.49）。これらの関係は，表11-4のように整理することができる。

表11-4 測定基礎の選択の視点：目的適合性の観点から

測定基礎の選択の視点	目的適合性	㋐ ホーリスティック観	㋑ 資産負債の特徴
			㋒ 将来キャッシュ・フローへの寄与の仕方

（出所） IASB [2018a] pars.6.43, 6.49を参照して著者作成。

このように，新しい概念フレームワークにおける測定基礎の選択は，基本的には複数の観点すなわち上述の観点から総合的に行われることとなり，どのような観点をより重視するのかについての順位は示されておらず，一意には決まらない計算構造を取っている。

(3) 測 定 基 礎

前述の測定基礎の視点を前提として，概念フレームワークでは，その具体的な「測定基礎」に関して，歴史的原価（HC）と現在価額（CV）（公正価値（FV），使用価値／履行価値（VIU/FV），現在原価（CC））という二つの類型に分ける「二分法」が採用されている（pars.6.4, 6.11）。

(4) IASB概念フレームワーク上の資本維持概念・資産等の測定基礎と利益計算

前述のように，同じ名目資本維持概念の下においても，収益計上の側面にお

いては，資産等の測定基礎の違いによって，期間利益の金額に影響を及ぼすこととなる。それゆえ，通常我々が問題とする期間利益計算においては，資本維持概念と（収益決定の問題としての）資産等の測定基礎の双方が明確化されなければならない。

IASBの2018年概念フレームワークにおいては，これらの二つのうちまず第1の「資本維持概念」に関して，前述のように，特に指定を行っておらず，貨幣資本概念は，基本的に財務諸表の作成に関してほとんどの企業が採用している（IASB[2018a]par.8.1）とし，しかも，現在のところ，IASBは，特定の測定モデルを規定する意図はない（par.8.9）としており，一般に名目資本維持概念の採用を容認し，又一般にもこれが採用されている。

第2の「資産負債の測定基礎」に関して，前述のように，大きく取得原価基準と現在価額基準を挙げ，後者はさらに，公正価値，使用価値（履行価値）及び現在原価を挙げている。

前述のように，財務諸表の構成要素の定義を満たすことを前提として，上述のような認識規準と測定基礎の要件を満たした資産負債項目が計上され，これらの変動として利益が計上される。この場合，すべての項目は原則として純利益として計上され，IASBが認める場合のみ，その他の包括利益に計上することができることとなる。なお，これらの全体は包括利益と考えられるけれども，これに関する一切の定義がなされていない。そこで，以下では，利益概念とその計算の問題について，もう少し詳細に検討していくこととする。

4　利益概念とその計算

(1) 利益概念

IASB概念フレームワーク上の利益計算構造の特徴を明確にするためには，「利益概念」が明確にされなければならない。これに関して，IASB概念フレームワーク上において利益概念は定義されていない。ここでは，「損益」（profit or loss，いわゆる純損益）と「その他の包括利益」（OCI）という用語が使用されているが，この外延を構成するであろう「包括利益」（CI）につい

ての規定がなされていない。

(2) 純損益及びその他の包括利益とリサイクリング

次にこれらの利益概念は，IASB概念フレームワーク上，どのように「位置付け」られているのであろうか。

これについて，IASBの概念フレームワーク上の表示及び開示において，財務業績の計算書上の財務業績の計算表示が最重要な問題の一つとなっている。これに関して，（利益の源泉である）収益費用は，分類され，⑦ 損益計算書上，又は⑦ 損益計算書外のその他の包括利益のいずれかに含まれる（par.7.15）としている。この場合，損益計算書は，当該企業の報告期間についての当期の財務業績についての情報の主要な源泉である（par.7.16）として，損益計算書上で示される財務業績の重要性を強調している。それゆえ，すべての収益費用は，原則としてこの損益計算書に含められるべきである（par.7.17）としている。

このようにして一旦その他の包括利益に表示された項目の「リサイクリング」に関して，ある期間においてその他の包括利益に含められた収益費用は，原則として将来の期間において，その他の包括利益から損益計算書にリサイクルされる（par.7.19）としている。

これらのことを素直に解釈すると，IASB概念フレームワーク上の基本的な考え方として，利益概念は一元論に基づく純利益概念であり，しかもその性質としては，従来の伝統的な純利益ではなく，評価損益等を含む，限りなく包括利益に近い内容のものに変容している，ということとなる。

Ⅳ 問題点

これまでの検討を前提として，ここでは，資本維持概念との関連において，新しい概念フレームワークの計算構造上から見た問題点について検討することとする。これには，次のようなものがある。

1 測　　定

(1) 測定基礎の決定の視点

「測定アプローチ」に関して，資産負債等の保有目的や属性等を考慮する場合には，混合測定基礎アプローチを採用することは，特に問題はない。また，「測定基礎」に関して，概念フレームワーク上，「二分法」に基づいて大きく歴史的原価と現在価額（公正価値，履行価値／使用価値及び現在原価）とに整理している。この場合，このうち使用価値に関しては，従来において経営者の主観が強く，信頼性に乏しいので，減損会計を除き，一般に認められてこなかった。しかし，概念フレームワーク上，財務情報の質的特性及び認識規準において「信頼性」を削除することに伴って，信頼性の乏しい，主観性の強い使用価値が測定基礎の一つとして，登場してきている。

また，「測定属性の決定の視点」に関して，大きくホーリスティック観，資産負債の特徴及び将来キャッシュ・フローへの寄与の仕方というものを挙げているが，これらが，どのような関係にあるのか，どのような優先度で適用されるのかについて明確な説明が付されていない，という問題がある（勝尾[2015] 56頁）。

(2) 測定基礎と利益概念の定義

「利益概念の定義に関するアプローチ」には，利益の定義を明確に行うのか否かによって，「利益概念定義アプローチ[17]」と「利益概念無定義アプローチ[18]」とがある。そして，後者の立場を採用するIASB概念フレームワークの場合，測定基礎を決める基準が不明瞭で十分に機能しなければ，その結果，資産・負債の変動で定義される収益・費用が決まらず，利益の額も決まらない，という問題が出てくる（勝尾[2015]57頁）。

すなわち，新しい概念フレームワークでは，会計の最も支柱となり，目的となる純利益概念等の定義がなされていない。それゆえ，まず会計の目的として，どのような純利益を計算しようとしているのかを明確に定義（「利益概念の明確

化」)し,このために,どのような測定基礎を採用するのかについての考え方が明確にされる必要があると考えられる。

これとの関連で,測定基礎の決定アプローチとして,「利益概念誘導アプローチ[19]」と「資産負債特徴等誘導アプローチ[20]」がある。そして,後者の立場を採用するIASB概念フレームワークの場合,そもそも測定基礎の選択は,利益をどうとらえるかに依拠しているのであるから,利益概念を決めなければ,資産・負債の評価のあり方を決められるはずはない,という問題がある(同上,57頁)。すなわち,利益の概念を決めずに測定の基準を論じるだけの概念フレームワークでは,OCIの範囲やリサイクリングを含めて,基準開発が再び一面的なイデオロギーに左右される可能性が懸念される,という結果をもたらすであろう(斎藤[2015]23頁)。

2 利益の定義とリサイクリングの基準

リサイクリングに関連して,新しい概念フレームワークでは,リサイクリングの前提となり,会計の最も支柱となる概念である純利益概念等の定義がなされておらず,また両者をどのように区分するのか,その明確な区分基準も示されていない。さらに,全てのOCIを純利益へリサイクルしようとしてない。それゆえ,どのような純利益を計算したいのかが不明であると共に,伝統的な発生主義会計に基づく,実現主義や費用収益対応原則に従ったフロー・ベースの純利益概念の変容をもたらす可能性が高い。

また,部分リサイクリング・アプローチによって全てがリサイクリングされない場合には,前述したような全体利益計算を想定した場合,純利益の総額と純キャッシュ・フローの合計額とが一致しなくなる。これを避け,両者を一致させ,クリーン・サープラス関係を成立させるために,OCI項目の全てがリサイクルされるべきである。

V 結　　論

　以上のように，本章では，文献研究に基づいて資本維持概念との関連において，最新のIASB概念フレームワーク上どのような利益計算の構造を採用し，どのような会計を考えているのか，その特徴点と問題点を明確にすることを目的としてきた。この検討の結果，以下のことが明らかにされた。

(1) 資本維持概念との関連における特徴点

　資本維持概念との関連における「IASB概念フレームワークの特徴点」としては，次のようなことが明確にされた。会計の基本的な存在意義は利益計算であり，そこでは，資本維持概念が決定的な意義を持つ。IASB概念フレームワークでは，この資本維持概念として貨幣資本維持概念と実体資本維持概念とを明示しており，その選択を利用者ニーズに委ねており，基本的には前者の貨幣資本維持に拠っている。そして，資本維持概念と資産等の測定基礎との組み合わせで，会計モデルが決定されるが，IASBは現在特定の会計モデルは想定していない。この場合，資本維持概念は費用計上及び全体利益計算に関連し，資産等の測定基礎は収益計上及び期間利益計算に関連している。

(2) 問　題　点

　前述の検討結果として，資本維持概念との関連において，新しい概念フレームワークの問題点としては，次のようなことが挙げられる。
　①「測定基礎の決定アプローチ」に関しては，資産負債特徴等誘導アプローチに拠っているが，利益概念誘導アプローチによるべきである。また，例えば，使用価値のような，企業の視点に基づく測定基礎は主観性が強く，一般に減損処理を除き，測定基礎としては適切でないと考えられる。②「リサイクリングの要否や時期の決定アプローチ」については，全てをリサイクルし，純利益の合計と純キャッシュ・フローの合計を一致させるべきである。

〔注〕
1) 資産の「測定属性」(measurement attributes) ないし「評価基準」(evaluation criteria) とも呼ばれる。
2) 利益計算上，資本維持概念は，利益の存在の有無及びその金額（ないし量）を決定する判断基準となる。
3) 一般に，「回収余剰額」と呼ばれる。
4) 「貨幣資本」(financial capital) は「財務的資本」とも，「実体資本」(physical capital) は「物的資本」とも呼ばれる。
5) 貨幣思考・財貨思考については，三木[1985]189頁を参照されたい。
6) これを「名目貨幣資本概念」という。
7) これを「実質貨幣資本概念」という。
8) 「貨幣資本」に対して，一般に「物的資本」とも呼ばれる。
9) これを「実体資本概念」という。
10) 岩崎[2019]を参照されたい。
11) 「資本維持」は，期末資本に期首資本と同一量の貨幣や物財が維持されることを問題とする。
12) すなわち，名目貨幣資本維持概念なので，期首資本の貨幣量のことである。
13) すなわち，実質貨幣資本維持概念なので，期首資本の恒常購買力のことである。
14) 岩崎[2019]を参照されたい。
15) 例えば，実体資本維持概念の下において，企業の資産負債に影響するすべての価格変動は，企業の物的生産能力の測定において変動とみなされ，利益ではなく，持分の一部である資本維持修正額として取り扱われることとなる。また，これは，「資本の測定尺度」と考えても同様である。
16) なお，実体資本維持概念にも，費用時価・資産原価主義（例：E.ゲルドマッハーや不破貞治等）と費用時価・資産時価主義（例：F.シュミット，R.S.ギンザー等）がある（柴田[2017]81頁）。
17) これは，例えば，ASBJの概念フレームワークのように，利益概念の定義を明確にし，積極的にどのような利益を計算表示しようとするのかを明示するという考え方である。
18) これは，例えば，IASBの概念フレームワークのように，利益概念の定義を明確にせず，利益の発生源泉としての収益費用の実現や発生ないし資産負債の変動の結果として捉えた収益費用を，消極的・結果的に利益として計算表示しようという考え方である。
19) これは，例えば，ASBJの概念フレームワークのように，利益の測定ルールから資産負債の測定基礎を導くという考え方である。
20) これは，例えば，IASBの概念フレームワークのように，資産負債の特徴等から資産負債の測定基礎を導くという考え方である。

第11章 資本及び資本維持の概念

【参考文献一覧表】

五十嵐邦正［2008］『資本会計制度論』森山書店。
池田幸典［2016］『持分の会計』中央経済社。
池村恵一［2012］「資本の概念と利益の計算構造」『広島経済大学経済研究論集』第35巻第3号，17-28頁。
石川鉄郎［1992］『時価主義会計論』中央経済社。
石川鉄郎，北村敬子［2008］『資本会計の課題』中央経済社。
岩崎　勇［2012］「純利益と包括利益について―利益観の観点から―」『會計』第182巻第4号，13-24頁。
―――［2014］「IASB概念フレームワークについて―2013年討議資料を中心として―」『産業経営』第74巻第1号，16-26頁。
―――［2016］「概念フレームワークと計算構造について―IASBの新しい概念フレームワークを中心として―」『經濟學研究』第82巻第5・6合併号，105-146頁。
―――［2019］『IFRSの概念フレームワーク』税務経理協会。
大日方隆［1994］『企業会計の資本と利益』森山書店。
勝尾裕子［2015］「IASB概念フレームワークにおける利益概念」『企業会計』第67巻第9号，51-60頁。
企業会計基準委員会（ASBJ）［2015］「概念フレームワーク　第8章「資本及び資本維持の概念」企業会計基準委員会　2015年9月25日審議会資料　AF 2015-28 1-5頁。
斉藤静樹［2015］「なぜ，いま利益の概念が問われるのか」『企業会計』第67巻第9号，16-24頁。
柴田寛幸［2017］「実体資本維持論と公正価値測定」『経営学紀要』第24巻第1・2号，79-92頁。
田中茂次［2012］「会計，その神話の崩壊(9)」『経理研究』第55号，1-15頁。
高須教夫［2012］「会計機能の変遷と複式簿記の変容」『財務会計研究』第6号，1-18頁。
名越洋子［2018］『負債と資本の会計学』中央経済社。
日本経済新聞社［2018a］「ベネズエラ，インフレ率100万％に」『日本経済新聞』電子版，2018年7月24日版。
日本経済新聞社［2018b］「ベネズエラ，デノミ迷走やまず」『日本経済新聞』電子版，2018年7月26日版。
藤井秀樹［2008］「新会計基準にみる会計思考の連続と非連続」『會計』第173巻第1号，30-48頁。
前川千春［1993］「企業観と資本維持概念」『三田商学研究』第35巻6第号，199-215頁。
―――［1995］「資本維持概念と資産評価基準の関係」『三田商学研究』第38巻3第号，65-80頁。
三木正幸［1985］「物的資本維持による利益計算」『香川大学経済論叢』第58巻第1号，

183-211 頁。
山田純平[2012]『資本会計の基礎概念』中央経済社。
山地秀俊編[1998]『原価主義と時価主義』神戸大学経済経営研究所。
米山正樹[2015]「問い直すべき概念フレームワークの存在意義」『会計・監査ジャーナル』第724号，67-73頁。
American Accounting Association（AAA）[2010]American Accounting Association's Financial Accounting Standards Committee, "A Framework for Financial Reporting Standards : Issues and a Suggested Model," *Accounting Horizons*, Vol. 24 Issue 3, pp. 471-485.（September）（松浦総一，朱閔如，任妮訳[2011]「財務報告基準のためのフレームワーク：問題点と提案モデル」『立命館経営学』第49巻第6号，161-180頁）。
International Accounting Standards Board（IASB）[2008]*Discussion Paper, Preliminary Views on an improved Conceptual Framework for Financial Reporting : The Reporting Entity*.
——[2010]*Conceptual Framework for Financial Reporting 2010*, International Accounting Standards Board.
——[2013]*Discussion Paper, A Review of the Conceptual Framework for Financial Reporting.* July 2013.（企業会計基準委員会訳[2013]討議資料『『財務報告に関する概念フレームワーク』の見直し」企業会計基準委員会）。
——[2015]*Exposure Draft, Conceptual Framework for Financial Reporting*, International Accounting Standards Board.（企業会計基準委員会訳[2015]公開草案「財務報告に関する概念フレームワーク」企業会計基準委員会）。
——[2018a]*Conceptual Framework for Financial Reporting*.
——[2018b]*Conceptual Framework for Financial Reporting-Six Facts*.
——[2018c]*IFRS Conceptual Framework Project Summary*.
International Accounting Standards Committee（IASC）[1989]*Framework for the Preparation and Presentation of Financial Statements*, International Accounting Standards Committee.（国際会計基準委員会[1989]「財務諸表の作成表示に関するフレームワーク」国際会計基準委員会）。

なお，本章は，科研費「JSPS KAKENHI Grant Number JP 16K 03989」の助成を受けたものである。

（岩崎　勇）

著者紹介（あいうえお順）

岩崎　勇（いわさき　いさむ）

　　編著者紹介を参照。

小形　健介（おがた　けんすけ）　大阪市立大学大学院経営学研究科准教授
略歴：神戸商科大学大学院博士後期課程修了，博士（経営学）
主要著書等：『IASB/ISO/IEC　国際ルールの形成メカニズム』（翻訳）中央経済社，"The functional differentiation between the International Integrated Reporting Council（IIRC）and the Global Reporting Initiative（GRI）in the sphere of sustainability reporting,"（共著）in Lee, K.H. and Schaltegger, S.(eds.), *Accounting for Sustainability : Asia Pacific Perspectives*, Springer,「財務報告規制のローカルとグローバル」『會計』第191巻第1号，「国際標準化におけるFASB基準開発活動の規定要因―2000年代後半におけるFASBの規制環境・基準化戦略・組織構造―」『会計プログレス』第14号。

椛田　龍三（かばた　りゅうぞう）　専修大学商学部教授
略歴：福岡大学大学院商学研究科博士後期課程単位取得退学：経済学博士（武蔵大学）
主要著書等：『自己株式会計論』白桃書房，『現代会計学と会計ビッグバン』編著，森山書店，「会計における資産負債観について―金融セクターの動向と関連させて―」『専修商学論集』第103巻，「会計における概念フレームワークの変容と二つの資産負債観―グローバルな組織と経済の金融化に関係づけて―」『デイスクロージャーニュース』Vol.35,「会計の政治化―ストック・オプションの会計基準を事例として―」『専修商学論集』第106巻，「ストック・オプションの会計基準に係る弊害―バックデーティング問題―」『デイスクロージャー&IR』Vol.5。

金子　友裕（かねこ　ともひろ）　東洋大学准教授
略歴：明治大学経営学研究科博士後期課程修了（博士（経営学））　岩手県立大学専任講師，准教授を経て，現職。
主要著書等：「法人税法における返品調整引当金廃止の意義」『産業経理』78巻3号，「消費税の現状と課題」『税法学』579号，「法人税法からみた「企業結合」の検討」『會計』191巻4号。

杉山　晶子（すぎやま　あきこ）　東洋大学経営学部教授
略歴：明治大学経営学研究科博士後期課程単位取得退学，公認会計士試験委員
主要著書等：「財務報告の信頼性と内部統制の有効性の関係性に見るわが国の会計プロフェッションの役割と課題」(国際会計研究学会　年報2017年度第1・2合併号，2018年7月)，「純損益とその他の包括利益の区分に関する検討」（ディスクロージャーニュース，2016年10月），「概念フレームワークにおける純損益とその他の包括利益の表示」（国際会計研究学会研究グループ『IFRSの概念フレームワークについて―最終報告書―』，2016年08月)。

高須　教夫（たかす　のりお）　兵庫県立大学大学院会計研究科特命教授
略歴：神戸大学大学院経営学研究科博士後期課程単位取得退学。博士（経営学）神戸大学　公認会計士試験元試験委員，税理士試験元試験委員
主要著書等：『連結会計論―アメリカ連結会計発達史―』（森山書店)，『会計とイメージ』（共著）(神戸大学経済経営研究所）等。

徳山　英邦（とくやま　ひでくに）　帝京大学経済学部経営学科教授
略歴：明治大学大学院商学研究科博士後期課程単位取得満期退学
主要著書等：共著『財務分析からの会計学［第3版］』森山書店，共著『会計学ベーシック』中央経済社，「会計システムにおける二元性（双対性）原理―IASB概念フレームワークにおける経済的資源―」帝京経済学研究第51巻第1号，帝京大学経済学会。

藤井　秀樹（ふじい　ひでき）　京都大学大学院経済学研究科教授
略歴：京都大学大学院博士後期課程修了　京都大学博士（経済学）　京都大学大学院経済学研究科教授，現在に至る　税理士試験元試験委員，公認会計士試験元試験委員
主要著書等：『現代企業会計論』森山書店（日本会計研究学会太田・黒澤賞)，『制度変化の会計学』中央経済社，（国際会計研究学会賞，日本公認会計士協会学術賞)，『国際財務報告の基礎概念』（編著）中央経済社，『入門財務会計』中央経済社。

安井　一浩（やすい　かずひろ）　神戸学院大学経営学部教授
略歴：神戸大学経営学部卒業，博士（経営学）神戸大学，太田昭和監査法人（現 EY 新日本有限責任監査法人）勤務，神戸大学大学院経営学研究科准教授
主要著書等：「国際財務報告基準規定の探究―金融負債をめぐる議論に基づく考察―」中央経済社，『国際会計基準と日本の会計実務（三訂補訂版)』（共編著）同文舘出版，「金融負債規定に基づく IFRS 体系の考察」（国際会計研究学会年報通巻第33号，国際会計研究学会　学会賞)。

編著者紹介

岩崎　勇（いわさき　いさむ）

略歴：明治大学大学院経営学研究科博士後期課程単位取得　現在：九州大学大学院教授　会計理論学会理事・グローバル会計学会常務理事・財務会計研究学会監事等

著書論文：IASBの概念フレームワーク（編著），IFRSの概念フレームワーク，キャッシュ・フロー計算書の読み方・作り方，経営分析のやり方・考え方，新会計基準の仕組みと処理，新会社法の考え方と処理方法（以上，税務経理協会），（文部科学省検定済教科書）新訂版原価計算（監修：東京法令出版）等の多数の本，及びIFRSの概念フレームワークについて－最終報告書（編著：国際会計研究学会　研究グループ），会計概念フレームワークと簿記─最終報告書（編集：日本簿記学会簿記理論研究部会）等の多数の論文

その他：税理士試験元試験委員，福岡県監査委員，FM福岡QT PRO モーニングビジネススクール（出演中），会計，税務，コーポレート・ガバナンス，監査，哲学等のテーマで講演会等の講師を務める。

編著者との契約により検印省略

令和元年5月1日 初版第1刷発行	**IASBの概念フレームワーク**

編 著 者	岩　崎　　　勇
発 行 者	大　坪　克　行
製 版 所	税経印刷株式会社
印 刷 所	有限会社山吹印刷所
製 本 所	株式会社三森製本所

発行所　〒161-0033 東京都新宿区　　株式　**税務経理協会**
　　　　下落合2丁目5番13号　　　　会社
　　振　替 00190-2-187408　　電話 (03)3953-3301（編集部）
　　ＦＡＸ (03)3565-3391　　　　　　(03)3953-3325（営業部）
　　　　URL http://www.zeikei.co.jp/
　　乱丁・落丁の場合は，お取替えいたします。

© 岩崎 勇 2019　　　　　　　　　　　　　　　　Printed in Japan

本書の無断複写は著作権法上での例外を除き禁じられています。複写される場合は，そのつど事前に，（社）出版者著作権管理機構（電話 03-3513-6969，FAX 03-3513-6979, e-mail : info@jcopy.or.jp）の許諾を得てください。

JCOPY ＜(社)出版者著作権管理機構 委託出版物＞

ISBN978-4-419-06609-3　C3034